읽으면
진짜
주식투자로
돈 버는 책

어떤 주식을 어떻게 골라내 언제 사고팔지 확실히 알자!

읽으면 진짜 주식투자로 돈 버는 책

조혁진 지음

위즈덤하우스

주식투자, 왜 해야 할까?

계절이 바뀔 때마다 공통적으로 하는 일이 있습니다. 바로 옷장 정리죠. 유행이 지났거나 너무 낡은 옷들을 정리하고 나면 새 옷 장만을 위해 백화점이나 아울렛 등으로 쇼핑을 나갑니다.

각자의 경제적 수준에 따라 차이는 있겠지만 10만 원쯤 하는 셔츠 한 벌을 산다고 가정해보겠습니다. 맘에 드는 디자인의 옷이 어느 매장에 전시되어 있네요.

가게 안으로 들어가 일단 그 옷을 쭈욱~ 훑어봅니다. 원단 재질은 어떤지, 단추 달린 모양새나 마감처리는 깔끔한지를 꼼꼼히 살핀 뒤 어느 정도 합격이다 싶으면 실제로 입어보죠. 거울 앞에서 옆으로 뒤로 몸을 틀며 옷의 핏과 스타일을 살핍니다. 가족이나 친구 등 일행이 있다면 "이거 나랑 잘 어울려? 어때?" 하는 질문도 빼놓지 않고요. 내가 입을 옷이니 이렇게 세심히, 또 신중히 확인하는 과정을 거친 뒤에야 구매 여부를 결정하게 되는 거죠.

그렇다면 주식투자에 대해선 어떨까요? 이전보다 월급이 오르면서 주식투자를 할 수 있는 약간의 여유자금이 생긴 상황을 가정해보죠.

며칠 전 점심식사를 함께했던 직장 동료가 주식투자로 대박을 터뜨렸다고 얘기했던 게 번뜩! 떠오릅니다. '나도 대박 날 수 있어!'라는 기대감에 한껏 부풀어 주식 거래용 계좌를 하나 만들고, 동료가 샀다는 주식을 찾아 매수 버튼을 누릅니다. 그런데 이런! 갑자기 주가가 낙엽처럼 뚝뚝 떨어집니다. 다급한 마음에 동료에게 이유를 물어봐도 잘 모르겠다는군요. 어디가 바닥인지 모를 정도로 폭락하는 주식을 마냥 가지고 있을 순 없죠. 그렇다고 손해 보고 팔 수도 없으니 글자 그대로 대략 난감인 상황에서 맘고생이 시작됩니다.

우리는 왜!

대체 왜!

10만 원짜리 옷을 살 땐

신중에 신중을 기하면서

500만 원, 1,000만 원을

주식에 투자하는 건

왜 이리 쉽게 결정해버리는

걸까요?

금융기관에 오랫동안 몸담은 제 경험에 따르면, 투자 대상의 종류에 따라 투자자가 생각하는 기본 투자 단위도 다릅니다. 부동산에 투자하는 사람들은 10억 원, 채권투자자(물론 좀처럼 찾아보기 어렵지만)들은 100억 원, 주식투자자들은 보통 500만 원 정도를 기본 단위로 여기죠.

투자자가 기대하는 수익률 역시 투자하는 자산에 따라 차이를 보입니다. 부동산투자자들은 장기간에 걸쳐 약 30~40%, 채권투자자들은 연 3%의 수익만 거둬도 매우 만족합니다.

그런데 주식투자자들은 1년에 30% 수익이 나도 탐탁지 않아 합니다. 더 높은 수익률을 추구하기 때문이죠. 재미있는 점은 '채권 > 부동산 > 주식' 순으로 연구하고 투자한다는 것입니다.

숫자로 순위를 정할 순 없지만 채권, 부동산, 주식 중 예측 가능성이 가장 높은 투자 대상은 채권이고 그다음이 부동산, 마지막이 주식입니다. 즉, 주식은 예측 가능성이 가장 떨어지기 때문에 맞추기가 어렵습니다. 그렇기에 가장 많은 공부와 분석이 필요한 투자 자산이기도 하고요.

주식투자를 해보고자 하시는 분들이 이 책을 읽으실 텐데 처음부터 너무 겁을 드린 것 같네요. 하지만 안심하세요. '그럼에도 주식에 투자해야 하는 이유'를 먼저 살펴볼 테니까요.

주식투자는 채권투자나 부동산투자와 달리 작은 돈으로도 시작할 수 있어 문턱이 낮습니다. 또 사들였던 주식을 내가 원할 경우 현금화하는 데 걸리는 시간도 상대적으로 짧죠. 다시 말해 환금성이 좋다는 뜻입니다.

게다가 지금은 전 세계적으로 마이너스 금리가 점차 현실화되고 있는 시대입니다. 우리나라 역시 한국은행이 기준금리를 0.5%(2020년 5월 기준)로 발표함에 따라 예·적금은 돈을 불리는 수단이 아닌, 돈의 보관 수단으로 전락하고 말았죠.

〈응답하라 1988〉이란 드라마에서 "대치동 은마아파트가 5,000만 원 정도 한다"라는 대사가 나왔던 것을 기억하시나요? 지금은 그 아파트 가격이 21억 원쯤 하니 어마어마한 대박이라며 부러움의 한숨을 내쉬는 분들이 많을 것 같습니다. 실제로 1978년 분양 당시 은마아파트는 3.3제곱미터(1평)당 92만 원 수준이었지만(1978년 8월 16일 기준) 2020년에는 76배가 오른 7,000만 원 수준에 이르렀습니다. 그에 반해 1978년 8월 16일에 1주당 212원이었던 삼성전자 주식은 2020년 7월 말 기준 5만 7,900원을 돌파했죠. 무려 273배 이상이 오른 겁니다. 부동산보다 훨씬 높은 수익률을 보인 셈인데, 바로 이것이 우리가 주식투자를 반드시 해야 하는 이유입니다.

1978~2020년의 은마아파트 및 삼성전자 주가의 변동 비교

은마아파트 (3.3m²당)

1978년 8월 16일	2020년 7월	비고
92만 원	7,000만 원	약 76배 상승

삼성전자 주가 (1주당)

1978년 8월 16일	2020년 7월	비고
212원	5만 7,900원	약 273배 상승

다만 우리가 기억해야 할 점이 있습니다. 주식에 반드시 투자는 하되, '묻지 마 투자'는 절대 해선 안 된다는 것입니다. 철저히 연구 분석하여 본인의 투자 원칙을 세워야 한다는 점을 지금부터 강조, 또 강조하고 싶습니다. 주식 시장의 역사가 한국보다 100년쯤 긴 미국 등 선진국에는 기라성 같은 투자 대가들이 있습니다. 가치투자로 유명한 워런 버핏(Warren Buffett), 그의 스승 벤저민 그레이엄(Benjamin Graham), 성장주 투자의 대가 필립 피셔(Philip Fisher) 등이 그 예죠.

이러한 대가들의 투자 원칙은 저마다 다릅니다. 투자 시 중점을 두는 가치가 모두 달랐거든요. 그럼에도 모두 투자에서 성공을 거두었는데, 그렇다면 그들의 공통점은 무엇이었을까요?

바로 본인의 투자 원칙을 엄격하게 고수했다는 것입니다. 단기적 예측이 어긋나 큰 손실이 발생해도 그것을 오히려 주식을 싸게 사들일 수 있는 기회라 여기며 자신의 원칙을 밀고 나갔던 거죠.

물론 이렇게 하려면 자신의 투자 원칙에 대한 확신부터 있어야 합니다. 그러니 우리 또한 주식투자에 앞서 자신만의 원칙을 만들고 지켜나갈 것을 약속하면 좋겠습니다. 급변하는 시장에서 처음의 투자 원칙을 고수하기란 여간 어려운 일이 아니니까요.

'《읽으면 진짜 주식투자로 돈 버는 책》한 권으로 독자들이 주식을 쉽게 이해하고, 주식투자도 가능하게끔 하겠다'는 것이 제가 이 책을 쓰는 목적입니다. 문턱은 낮지만 천장은 높은 책이 될 수 있도록 가급적 쉽게 썼고, 재밌지만 심도 있게 구성했으며, 최대한 정확한 설명을 하기 위해 노력했습니다.

지금부터 이 책에선 주식투자를 어디서부터(Where) 시작해야 하는지, 그리고 좋은 주식을 어떻게(How) 골라낼 수 있는지, 마지막으로 그 주식을 어떤 타이밍(When)에 사고팔아야 하는지를 여러분께 알려드리려 합니다. 부디 이 책이 성공적인 주식투자의 밑거름이 되길 기원합니다.

CONTENTS

2장 | WHAT_
어떤 주식을 택해야 할까?

3장 | WHEN_
언제 사고팔아야 할까?

WHERE

어디서부터
시작해볼까?

PART

1

'그래, 나도 주식투자를 한번 시작해봐야겠어!'

이렇게 마음먹었지만 사실 조금 막막하시다고요?

그럴 만도 합니다.

주식 종목의 수는 너무나 많고,

주식이란 게 부동산처럼 눈에 보이는 것도 아니니

어디서부터 어떻게 첫 발을 떼야 할지 모를 수밖에요.

그럼 지금 당장 주식 관련 지식들을 모두 배워야만

주식투자에 돌입할 수 있는 걸까요?

그렇지 않습니다.

등산로에도 초보 등산가 코스가 있듯

주식투자로 가는 여러 길에도

초보자용이 있으니까요.

그 길이 어디서부터 시작되는지

이번 장에서 알아보겠습니다.

INVESTMENT IN STOCKS

매의 눈으로
주변을 살펴라

2017년 4월에 저는 미국으로 2주 동안 글로벌 기업 탐방을 다녀온 적이 있습니다. 제가 소속되어 있는 회사에서 진행하는 자기경영러닝이란 인재개발 프로그램을 통해서였죠.

개인적으로 스마트폰에 무척 관심이 많은 저는 미국에서 보내는 2주 동안 길거리를 지나는 사람들이 어떤 스마트폰을 사용하는지, 또 그것으로 뭘 하고 있는지 찬찬히 관찰하는 시간을 자연스럽게 갖게 됐습니다. 대략 70~80%의 사람들이 아이폰을 사용 중이었고, 그 아이폰들의 상당수에는 구글 앱이 열려 있더군요.

그 모습을 본 저는 '아! 애플과 구글 주식을 사야겠구나!'라는 생각을 하게 되었습니다. 그로부터 3년이라는 시간이 지난 2020년 7월 말 현재, 애플과 구글 주식은 2017년 4월 당시보다 각각 295.3%, 173.7% 상승했습니다.

Search

사람들이 필요로 하고 즐거움을 주는 물건은 많이 팔리기 마련이죠. 그에 따라 그런 물건을 만든 기업은 매출과 수익이 점차 늘어날 겁니다. 그렇게 되면 사람들이 보다 많이 필요로 하는 물건을 만들기 위해 공장 증설이나 신상품 개발 등의 투자 활동을 할 수 있고요. 그 결과 더 좋은 물건을 시장에 내놓을 테고, 이는 다시 그 기업의 매출과 수익으로 연결됩니다. 이런 과정이 반복되면서 기업은 더욱 성장하죠. 우리가 바로 이런 기업을 찾아내 투자한다면 좋은 수익률을 거둘 가능성도 높아질 겁니다.

애플 및 구글의 주가 비교

2017. 4. 3	2020. 7. 31	상승률
143.66달러	424.27달러	295.3%

Google

2017. 4. 3	2020. 7. 31	상승률
856.75달러	1,487.95달러	173.7%

전 세계에서 가치투자를 가장 잘하는 사람으로 꼽히는 워런 버핏은 평소 350밀리리터 용량의 캔 콜라를 하루 다섯 개나 비운다고 합니다. 오죽하면 '워런 버핏을 찌르면 몸에서 콜라가 나온다'는 우스갯소리까지 사람들 사이에서 만들어졌을까요. 실제로 그는 모 언론 인터뷰에서 "내 몸의 4분의 1은 콜라"라고 농담 삼아 말하기도 했답니다.

이렇게 콜라를 사랑하는 버핏은 1987년 이후 코카콜라(Coca-Cola)의 주식을 지속적으로 매수하기 시작했습니다. 자기 주변의 사람들이 콜라에 대한 거부감을 보이지 않고, 시중에는 콜라를 대체할 수 있는 음료가 드물다는 사실에 주목한 이후였죠. 그렇게 계속 코카콜라 주식을 사들임에 따라 버핏이 운영하는 투자사 버크셔 해서웨이(Berkshire Hathaway)는 코카콜라의 최대주주가 되기에 이릅니다.

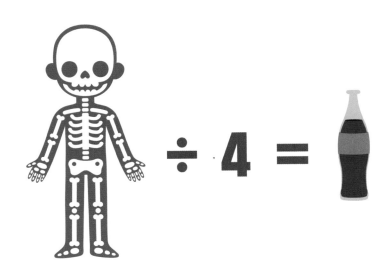

버핏이 그간 매수한 코카콜라 주식의 평균 단가는 주당 3.24달러로 알려졌는데요, 2020년 7월 31일 현재는 39.71달러로 무려 열두 배 이상 올라있습니다. 게다가 주주로서 매년 배당도 받아왔으니 실질수익률은 훨씬 높겠죠.

워런 버핏이 코카콜라를 꾸준히 매수한 이유는 단순히 자신이 콜라를 좋아해서가 아니었습니다. 그의 투자 결정은 관찰을 통해 이뤄졌죠. 본인뿐 아니라 전 세계 국민 누구나 코카콜라를 알고 있음은 물론 즐겨 마시고 있다는 사실, 콜라라는 음료에 대한 대체재는 없다는 사실에 주목한 것이었습니다.

마젤란펀드를 운용하며 13년간 단 한 번의 손실도 내지 않고 누적수익률 2,700%를 기록한 전설의 펀드매니저 피터 린치(Peter Lynch) 또한 실생활과 투자를 연결시키는 방식으로 큰 성공을 거두었습니다. 린치는 실제로 자신의 부인 및 딸과 함께 백화점에 갔고, 그들이 많이 구입하는 상품을 만든 기업을 조사한 뒤 그 주식을 자신의 투자 포트폴리오에 편입시켰습니다.

피터 린치가 실생활과 투자를 연결시켜 성공한 대표적 사례로는 1970년대에 헤인즈(Hanes) 주식을 집중 매수한 것을 들 수 있습니다. 하루는 부인이 스타킹에 대해 얘기하던 중 "헤인즈에서 만든 스타킹은 올이 잘 풀리지 않고 착용감도 편하다"란 말을 했는데, 린치는 이를 허투루 넘기지 않고 이 회사의 주식을 관심종목에 편입시킨 후 분석했습니다. 그것이 투자로 이어져 큰 수익으로 연결되었고요.

이처럼 실생활에서 많이 사랑받는 제품의 기업을 알아보고 그 회사의 주식을 관심종목으로 선별하는 것은 좋은 투자 방법이 될 수 있습니다. 지금부터 독자 여러분도 매의 눈으로 유심히 관찰해보시길 바랍니다. 자신과 주변 사람들이 실제로 많이 사용하고 있는 제품은 무엇이고 그것을 생산하는 기업들은 어디인지 말이죠. 그중 괜찮아 보이는 회사의 주식을 뽑아 관심종목으로 넣어두면 좋겠습니다.

INVESTMENT IN STOCKS

다수의 전문가들이 관심을 갖는 주식을 찾아라

CHAPTER 2

처음 주식투자를 시작할 때는 투자 관련 정보가 많이 부족해 종목 선정에 어려움을 겪기 마련인데요, 이럴 때 필요한 것이 주식 전문가들의 견해입니다. 특히 다수의 전문가가 관심을 표하는 종목은 투자 가치가 있을 가능성이 높다고 볼 수 있죠.

현재 한국의 주식 시장에 상장된 종목은 2,000개가 넘습니다. 일반인이 그 많은 종목을 모두 샅샅이 안다는 것, 심지어 지속적으로 체크하며 분석한다는 것은 전문 투자자가 아닌 이상 실현 가능성이 매우 낮은 일입니다. 때문에 투자 성공률을 높이려면 전체 주식 시장에 상장되어 있는 주식 중 관심종목 몇 개를 추려내서 관리해야 합니다.

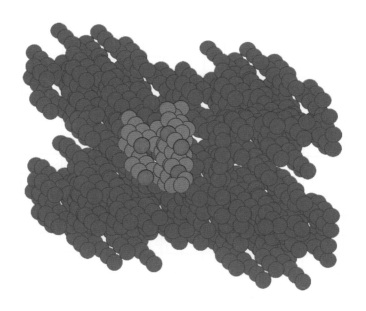

왼쪽 페이지의 그림은 이 내용을 그림으로 표현한 것입니다. 파란색이 주식 시장에 상장되어 있는 전체 종목이라면 주황색은 관심종목, 실제로 투자할 종목은 빨간색입니다. 파란색으로 표시된 모든 주식을 일반인인 우리가 일일이 분석한다는 것은 불가능하죠. 그러니 우선은 괜찮은 종목들의 후보들을 1차로 추려 관심종목 리스트를 먼저 만든 뒤, 거기에서 다시 2차로 추려낸 종목들을 대상으로 실제 투자에 나서자는 뜻입니다.

그럼 2,000개라는 그 많은 상장주식 중 투자할 만한 가치가 있는 종목은 어떻게 추려낼 수 있을까요?
앞 챕터에선 본인이나 주변 사람들이 즐겨 사용하는 제품 또는 서비스 생산 회사를 관찰하여 알아내는 법을 소개해드렸죠. 동료나 언론 매체가 추천하는 종목들로는 어떤 것이 있는지 조사해보는 것도 방법이 될 거예요. 그러나 좀 더 공신력이 있고 반복적으로 활용 가능한 데다 땡전 한 푼도 들지 않는 방법을 찾고 계신 분들께 소개해드릴 만한 좋은 도구가 있습니다. 바로 한경닷컴에서 제공하는 한경컨센서스(http://hkconsensus.hankyung.com)입니다.

'컨센서스(consensus)'의 사전적 의미는 '전체의 의견, 합의, 동의'입니다. 즉, 한경컨센서스는 어느 특정 증권사나 애널리스트 한 명이 아닌, 다수의 주요 증권사들로부터 나온 리포트들을 종합한 리서치 정보를 제공하는 사이트입니다. 여러 애널리스트들이 주식종목을 분석한 내용과 그에 따른 투자의견 및 산출된 목표주가 등을 알려주는 것이죠.

출처: 한경컨센서스

전문가들의 투자의견들은
여기에서 확인할 수 있어요!

한경컨센서스의 메인 화면 우측 하단에 있는 'CONSENSUS 상향'이나 'CONSENSUS 하향'을 클릭하면 최근 각 증권사들이 투자의견을 상향 혹은 하향시킨 주식들의 내역을 일목요연하게 확인할 수 있습니다. 'CONSENSUS 상향' 버튼을 클릭하면 어떤 화면이 나올지 궁금해지시지 않나요? 다음 이미지는 2019년 11월 1일 당시 한경컨센서스에 올라온 총 18건의 컨센서스 상향 의견입니다. 각 건의 제목을 읽어 내려가다 보면 한 가지 특징을 느끼실 수 있을 거예요. 맞습니다. 18건 중 10건이 네이버 주식과 연관된다는 점이죠.

작성일	제목	작성자	제공출처	적정주가	
				현재목표	이전목표
2019년 11월 01일	• NAVER(035420)자회사들의 가치가 상승하기 시작	이승훈	IBK투자증권	200,000	160,000
	• NAVER(035420) 긍정적인 시각 유지	황현준	DB금융투자	200,000	190,000
	• 현대오토에버(307950)좋은 흐름은 지속되고 있다.	최진성	현대차투자증권	66,000	60,000
	• NAVER(035420)광고, 페이, 웹툰의 삼각편대 모두 호조	황성진	현대차투자증권	210,000	190,000
	• 삼성전자(005930)매력 대시 아쉬운 영업가치	김선우, 서승연	메리츠종금증권	60,000	55,000
2019년 11월 01일	• NAVER(035420)성장판이 다시 열렸다	김소혜	한화투자증권	200,000	180,000
	• NAVER(035420)차익 실현 이르다, 비중확대 유효	김동희	메리츠종금증권	200,000	190,000
	• 삼성전자(005930)반도체 실적 저점 통과 중	박유악	키움증권	63,000	59,000
	• NAVER(035420)여전히 적극적 매수를 추천합니다	이민아	KTB투자증권	210,000	200,000
	• NAVER(035420)웹툰과 파이낸셜로 2020년의 기대치가 반영 중	김학준	키움증권	200,000	170,000
2019년 11월 01일	• NAVER(035420)페이가 끌고 웹툰이 밀고	성종화	이베스트증권	210,000	200,000
	• 아프리카 TV(067160)성장이 체질	이창영	유안타증권	95,000	80,000
	• NAVER(035420)성장지속, 이익률 개선	이창영	유안타증권	205,000	182,000
	• 삼성전자(005930)DRAM 수급 개선 뚜렷	이수빈, 박강호	대신증권	59,000	54,000
	• 아모레퍼시픽(090430)BUY의 이유가 명확해졌다	박현진	DB금융투자	230,000	200,000
2019년 11월 01일	• 아모레G(002790)호재와 악재가 혼재	박현진	DB금융투자	100,000	70,000
	• 두산솔루스(336370)꾸준한 분기 실적 성장	김현수	하나금융투자	21,000	19,000
	• NAVER(035420)나는 코끼리 덤보	황승택	하나금융투자	190,000	160,000

출처: 한경컨센서스

이렇게 상향 의견이 집중적으로 몰리는 종목이 나타나면 관심종목 리스트에 추가한 뒤 유심히 관찰해보세요. 여러 증권사의 애널리스트 들 다수가 긍정적으로 판단하는 종목을 굳이 외면할 필요는 없으니까요. 'CONSENSUS 하향'도 같은 맥락에서 투자에 활용할 수 있습니다. 관심 종목 리스트에 올려뒀던 종목 중 하향 투자의견이 반복적으로 거론되 는 것이 있다면 리스트에서 제외시키는 식으로요. 이런 식으로 컨센서 스를 최소 매주 한 번씩 살피며 관심종목 리스트를 조정, 관리해나가다 보 면 주식 시장의 전체적 변화를 포착할 수 있습니다.

또 상향이든 하향이든 각 리포트들에서는 해당 주식에 대해 그 의견을 내 놓은 애널리스트의 논리나 근거를 확인할 수 있습니다. 상승 의견을 제시 한 애널리스트의 논리에 동의한다면 해당 종목을 관심종목 리스트에 추가 하고, 그다음 단계인 종목분석을 통해 그 주식의 매수 여부를 결정할 수 있 겠죠? 종목분석 방법은 다음 챕터에서 자세히 알아보겠습니다.

INVESTMENT IN STOCKS

전문가 의견의
논리를 확인해라

CHAPTER 3

앞서 예로 들었던 2019년 11월 1일자 한경컨센서스의 상향 의견 18건 중 10건에서 네이버가 언급되었던 것 기억하시죠? 여기에선 당시 네이버 주식에 대한 분석 리포트를 확인해보겠습니다. 10건의 리포트 중 하나금융투자에서 작성한 것이 눈에 띄네요. '나는 코끼리 덤보'라는 귀엽고 재미있는 제목 덕분인데요, 이 리포트를 함께 살펴보실까요?

네이버가 2019년 3분기 실적을 발표했는데 예상을 소폭 웃도는 결과였나 봅니다. 광고 부문의 매출이 높았고, 콘텐츠 서비스 쪽에선 웹툰 부문이 견조한 성장을 지속하고 있다는군요. 북미 시장에서 네이버가 웹툰 사용자 확보를 위해 집행한 마케팅 비용도 성과를 거둔 모양입니다. 이어지는 리포트 내용도 계속 살펴보시죠.

나는 코끼리 덤보

3분기에도 광고가 캐리

NAVER가 예상을 상회하는 3분기 실적을 기록했다. 매출은 1.64조 원으로 전분기 대비 2.1%, 전년동기 대비 19.1% 증가하며 예상을 소폭 상회했다. 비용은 전반적으로 예상 수준을 기록했으며 매출 증가로 영업이익은 2,021억 원으로 1분기 수준을 회복했다. 전분기 대비로는 57.5% 개선된 수치이다. 매출의 견인차는 2분기에 이어 3분기에도 광고 부문이었다. 검색광고가 전분기에 이어 3분기에도 전년동기 대비 17.3% 증가하며 고성장세를 이어가는 가운데 디스플레이광고가 단가인상 효과 등으로 22.4% 증가를 기록했다. 컨텐츠 서비스도 규모는 크지 않지만 웹툰을 중심으로 견조한 성장을 지속하고 있으며 전분기 대비 8.8%, 전년동기 대비 64.2% 성장하고 있어 긍정적이다. 전분기 대비 18.7% 증가한 마케팅비용도 북미시장에서 웹툰 사용자 확보를 위해 집행되었다는 점에서 성과가 있었다고 판단된다. 별도기준 영업이익은 전분기 수준(3,427억 원)을 기록했다.

출처: 하나금융투자 / 황승택

전 부문에 걸친 고른 매출증가의 의미

전년동기 대비 19.1%라는 견조한 매출증가도 긍정적이지만 더욱 고무적인 부분은 서비스 전 부문에 걸쳐 15% 이상의 매출증가를 기록하고 있다는 점이다. 광고의 성장성은 국내 모바일광고 시장의 성장을 바탕으로 NAVER가 보유한 인공지능에 기반한 검색, 쇼핑의 시장경쟁력을 바탕으로 분기별 평균 4.3% 성장을 이어오고 있다. (중략) 전 부문에 걸친 성장이 장기간 지속되긴 어렵겠으나, 단기 증가율이 높은 만큼 향후 2~3년 매출성장은 담보될 것으로 판단된다.

본격적인 실적회복국면, 적정주가 상향 조정

2분기에는 단기 실적의 저점을 확인함으로써 시장이 더 이상 실적 하락에 대한 우려를 지웠고, 3분기에는 견조한 Top-line 증가를 재차 확인하고, 예측하지 못하는 비용에 대한 우려를 해소하면서 완연한 실적회복 국면에 진입했음을 확인했다. 향후 비용지출에 대한 매니지먼트의 방향성 제시와 건강한 매출성장성을 감안할 때 2020년에는 분기기준 실적의 전고점을 극복할 수 있을 것으로 기대하고 있다. 이를 반영해 적정주가를 190,000원으로 상향 조정한다. 2020년 매출과, 과거 5년간 PSR 평균 5.1배에 20% 할인을 적용한 값이다.

출처: 하나금융투자 / 황승택

네이버의 실적이 전년동기 대비 증가한 사실도 좋지만, 더 좋은 것은 그 성장이 전 부문에 걸쳐 고르게 나타난 사실이었다고 하네요. 이러한 전 부문에서의 성장이 장기간 지속되긴 어렵지만 그래도 단기 증가율이 높은 만큼 향후 2~3년 동안은 매출성장이 담보될 것이라면서요. 그래서 리포트 제목에 '나는 코끼리 덤보'를 넣은 걸까요? ^^

그다음 파트에선 3분기 실적 발표로 2분기의 실적 저점이 확인되었고, 비용에 대한 우려도 해소되었으니 완연한 실적회복 국면에 진입했다고 이야기하네요. 그리고 이것을 근거로 하여 네이버 주식의 적정주가를 19만 원으로 제시하고 있습니다. 리포트 내용이 그럴듯해 보이죠?

이처럼 2019년 11월 1일의 'CONSENSUS 상향'에 올라온 총 18건의 상향의견 리포트 중 10건은 네이버 주식에 관한 것이었습니다. 그리고 나머지 8건 중 2건은 삼성전자 주식에 관한 상향 의견이었죠.
그럼 삼성전자 주식에 관련된 리포트도 한번 살펴볼까요? 키움증권에서 같은 날에 작성한 '반도체 실적 저점 통과 중'이라는 제목의 리포트가 눈에 들어오네요.

삼성전자(005930)

반도체 실적 저점 통과 중

4Q19 영업이익 6.6조 원 전망. 비수기에 접어든 IM과 디스플레이 부문의 실적 감소를 예상하기 때문. 반도체 부문은 DRAM 부문의 부진을 NAND가 대부분 상쇄시키며, 영업이익 3.0조원(-2%QoQ)을 기록할 전망. 올 연말은 내년도 메모리 반도체의 업황 개선 폭에 대한 시장의 기대가 높아지며, 주가의 추가 상승이 나타나는 시기가 될 것으로 판단. 목표주가를 63,000원으로 상향하고, 업종 Top Pick을 유지함.

>>> 3Q19 IM 사업부 수익성 큰 폭 개선, 5G 효과

3Q19 사업 부문별 세부 실적이 공개됐다. 반도체 부문의 수익성이 당초 예상 대비 부진했지만, IM과 디스플레이 부문의 실적이 기대치를 상회했다. 반도체 부문은 당사 예상에 부합하는 수준의 출하량과 가격을 기록했지만, 원가절감율이 기대치에 못 미치게 나타났다. DRAM은 소재 이슈로 인한 미세 공정의 전환이 일부 지연되었고, NAND는 92단 V-NAND 신규 램프 업 비용으로 인해 수익성이 악화되었기 때문인 것으로 추정된다. 다만 두 이슈 모두 현재 정상화되고 있는 것으로 파악되고 있어, 향후 원가 개선의 폭은 당초 예상 대비 좋아질 가능성이 높아 보인다. IM 부문은 5G 신제품 출시 효과로 인해 제품의 평균 판가가 예상치를 크게 상회했고, 디스플레이는 OLED의 판매량 호조로 인해 예상보다 높은 실적을 기록했다.

출처: 키움증권 / 박유악

>>> 4Q19 영업이익 6.6조 원 전망, 반도체 저점 통과 예상

4Q19 실적은 매출액 61.5조 원(-1%QoQ), 영업이익 6.6조 원(-15%QoQ)을 기록할 것으로 전망한다. 비수기에 접어든 IM과 디스플레이 부문의 실적 감소가 예상되기 때문이며, 반도체 부문은 지난 1년여간의 하락세를 마무리하며 실적 저점을 지나갈 것으로 판단된다. 반도체 부문의 경우 DRAM 부문의 실적 감소가 다소 예상되지만, NAND가 전 부문에서 가격 상승이 나타나며 이를 대부분 상쇄시킬 것이다. 매크로 상황이 진정될 경우 연말 동안 '고객들의 재고 build-up 수요 증가'와 'PC DRAM 가격의 상승 전환'이 나타날 가능성도 일부 있기 때문에, 분기 실적에 대한 추가적인 업사이드를 염두에 둘 필요가 있어 보인다.

>>> 목표주가 63,000원으로 상향 조정, 업종 Top Pick 유지

올 연말/연초는 내년도 메모리 반도체의 업황 개선 폭에 대한 시장의 기대가 높아지며, 주가의 추가 상승이 나타나는 시기가 될 것으로 판단한다. 특히 DRAM의 경우 올 연말/연초를 기점으로 하여 일부 제품의 가격 상승이 나타날 가능성이 존재하기 때문에, 주가에 대한 시장의 눈높이를 높이기에 충분해 보인다. DRAM의 업황 개선과 NAND의 가격 상승을 반영하여 목표주가를 63,000원으로 상향 조정하고, 업종 Top Pick으로 매수 추천을 지속한다.

출처: 키움증권 / 박유악

3분기 실적을 보면 반도체 부문의 수익성이 부진하지만 IM(모바일)과 디스플레이 부문의 실적은 좋다고 합니다. 반도체에서 DRAM과 NAND에 수익성이 좋지 않은 요소가 있지만 정상화되고 있는 중으로 파악된다는 이야기, 향후엔 원가개선 폭이 예상보다 좋을 것이라는 이야기도 있고요. 모바일 부문은 5G 효과 덕을, 디스플레이 부문은 OLED 덕을 봤다고 합니다.

이 리포트는 4분기에 삼성전자는 매출 및 영업이익이 다소 감소할 것이라 예상하고 있습니다. 3분기 실적을 견인했던 모바일과 디스플레이의 비수기가 4분기이기 때문이라 하는군요. 다만 반도체가 과거 1년여의 하락세를 마무리하고 개선될 것으로 보인다고, 또 추가적인 실적개선 요인도 있다고 말합니다.

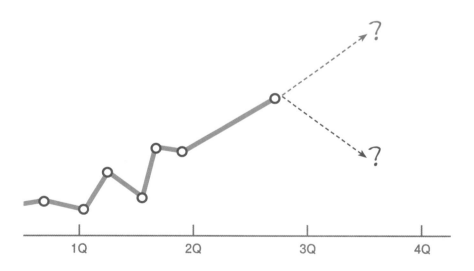

삼성전자의 매출에서 비중이 가장 높은 반도체 부문의 업황이 내년부터 개선된다면 주가 역시 추가 상승할 가능성이 높다고 이야기하네요. 더불어 향후 DRAM 업황 개선 및 NAND 가격이 상승할 테니 목표주가를 6만 3,000원으로 상향 조정하라는군요. 이것이 이 리포트의 결론입니다.

어떤가요? 이처럼 분석 리포트만 읽어봐도 해당 종목에 대한 현 상황과 향후 전망을 빠르게 가늠해볼 수 있습니다. 그 종목을 관심종목 리스트에 편입시킬 것인가의 여부 또한 상대적으로 쉽게 결정할 수 있고요.

주식에 투자할 돈도 마련했고 마음의 준비도 마쳤는데, 막상 좋은 조건에 부합하는 주식이 바로 딱 나타나지 않을 수도 있습니다. 그래도 절대 서두르지 마세요. '급히 먹는 밥이 체한다'란 말이 있듯, 급히 하는 주식투자는 탈이 나기 마련입니다. 대충 고른 주식이 상승 타이밍과 한두 번, 정말 운이 좋아 서너 번 맞아떨어질 수도 있죠. 그러나 그걸 '내가 투자를 잘해서' 얻은 결과라 착각하는 순간, 이후의 결과는 기대와 어긋날 수 있음을 반드시 유념해야 합니다.

관심종목 리스트 관리, 한경컨센서스 분석 살피기 등의 방법이 처음엔 생소하고 어렵게 느껴질 수 있습니다. 이전까지 한 번도 해본 적 없는 일들이니까요. 하지만 지속적으로 실행해나가다 보면 해당 주식에 대한 정보나 그 분야 관련 지식이 쌓일 것이고, 주식투자라는 것에 대한 감도 슬슬 잡힐 겁니다. 자신만의 투자원칙이나 방법으로 확장될 수 있는 기반이니 우선은 이런 작업부터 꼭 꾸준히 반복하길 권장합니다.

1장의 핵심 내용 정리

1. 자신만의 관심종목 리스트를 만들자

성공적인 투자의 첫걸음은 투자할 주식종목을 선별, 관심종목 리스트를 만드는 것입니다. 리스트가 길수록 좋은 주식을 고를 가능성도 높아지겠지만, 효과적인 관리가 점점 어려워진다는 단점도 생기죠. 그러니 5~10개 종목 내에서 리스트를 만들어보세요.

2. 관심종목을 꾸준히 찾아내자

사람들이 애용하는 제품·서비스를 제공하는 회사의 주식을 찾아보거나 '한경 컨센서스'에서 투자 상향/하향 관련 의견을 매주 한 번 이상 보며 주식 시장의 흐름을 파악하고, 반복적으로 거론되는 주식을 리스트에 추가 또는 제외해나가 보세요.

3. 투자 리포트의 논리를 확인하자

상향/하향 의견 리포트에 나타난 논리를 반드시 확인합니다. 때로는 리포트 분량이 수십 장에 육박할 때도 있는데 굳이 다 읽을 필요는 없습니다. 핵심 내용은 대개 첫 장에 요약되어 있으니 이것만 봐도 대략의 논리는 이해할 수 있거든요.

주식학 개론 1

수익보다는 손실에 더 민감한 주식투자

수익과 손실은 플러스보다 마이너스에 보다 민감하게 움직입니다. 매년 +10%와 −10%의 수익을 반복한다고 가정하면 10년 후엔 어떻게 될까요? 결국 원금이 될 것 같죠? 그렇지 않습니다.

10%가 하락하면 11%가 올라야만 원금을 회복할 수 있습니다. 가령 100만 원을 투자했는데 10%의 손실이 발생하면 90만 원이 되죠. 이 상태에서 10% 수익이 발생하면 99만 원이 됩니다. 즉, 하락한 비율과 상승한 비율 자체는 10%로 동일하지만 이것이 반복되면 원금은 계속 줄어드는 것입니다.

10%가 먼저 올랐다가 이후 10% 하락해도 이는 마찬가지입니다. 100만 원에서 10%의 수익이 발생하면 110만 원이 되는데, 이 상태에서 10% 손실이 발생하면 11만 원이 하락하여 99만 원이 되겠죠? 여기에서 10%의 수익이 발생하면 9만 9,000원이 더해져 총액은 109만 9,000원, 그리고 다시 10% 손실이 일어나면 10만 9,900원이 하락하여 98만 9,100원이 되는 식이죠. 이렇게 반복적으로 움직이다 보면 손실 폭은 더 커지는 결과에 이르고요. 다음 페이지의 그래프와 표를 보시면 같은 비율로 등락을 거듭해도 원금이 점차 손실하는 과정을 쉽게 이해하실 수 있을 거예요.

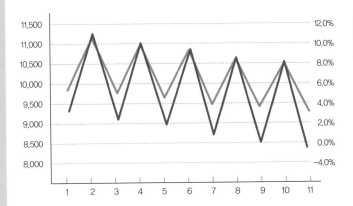

발생 손실	원금회복을 위한 필요 수익률
-10%	+11%
-30%	+43%
-50%	+100%

위의 표에서 볼 수 있듯, 50%의 손실이 발생하면 두 배의 수익을 일으켜야 원금을 회복할 수 있습니다. 그렇다면 50%의 손실이 발생하는 것과 두 배의 수익을 발생시키는 것 중 어느 쪽이 보다 쉬울까요?

워런 버핏은 주식투자에 관한 두 가지 원칙을 가지고 있다고 합니다. 투자 원칙 1번은 '돈을 잃지 않는 것'이고, 2번은 '1번 원칙을 무조건 지키는 것'이라는군요. 손실된 원금을 다시금 원래 수준으로 끌어올리는 것은 그만큼 어려운 일이고, 그러니 원금 손실은 투자에서 절대적으로 피해야 한다는 사실을 그는 알고 있는 것입니다.

여러분은 주식투자로 얼마나 큰 수익을 얻을 거라 기대하시나요? 매년 15% 이상의 수익을 창출한다는 것은 전 세계에서 주식투자를 가장 잘한다는 버핏에게도 여간 어려운 일이 아닙니다. 높은 수익을 얻으려면 높은 위험을 감수해야 한다는 사실을 꼭 기억하시기 바랍니다.

주식학 개론 2

주식투자에 접근하는 두 가지 방법

주식 시장을 분석하는 관점에는 크게 두 가지, 톱다운(top-down) 방식과 바텀업(bottom-up) 방식이 있습니다. 이 두 방식에 대해 알아보겠습니다.

톱다운 방식

신문에 '요즘 우리나라 경제 상황이 매우 좋다'는 내용의 기사가 나왔다고 가정해보죠. 수출 현황도 좋고, 청년들의 취업률도 높으며, 직장인들이 받는 연봉도 인상 중이라네요. 사람들이 식당에서 최상위 등급의 소고기도 사먹고, 돈도 펑펑 잘 쓰는군요. 한마디로 경기가 정말 좋습니다.

이런 상황에선 어떤 주식을 사도 주가가 쑥쑥 오를 가능성이 높습니다. 특히 현재 반도체 경기가 4차 산업혁명 때문에 더욱 좋아서, 주문 뒤 한참 뒤에나 제품을 받을 수 있을 정도로 수요가 높다고 가정해보죠.

설비를 증설하고 모든 생산라인이 가동되는 상황이라면 반도체 회사의 주식이 타 분야보다 잘 오를 겁니다. 그중 현재 상황이 가장 좋은 회사가 삼성전자라면 주가도 다른 반도체 회사보다 많이 오르겠죠.

이렇게 ① 전반적인 경기수준을 살펴보고 ② 유망 산업을 찾은 뒤 ③ 그중 가장 좋은 종목을 찾아가는 과정이 톱다운, 즉 하향식 투자 방식입니다. 하늘에서

숲을 내려다본 뒤 나무를 보는 식이라 항공 뷰(airplane view) 방식이라고도 해요. 톱다운 방식은 굉장히 체계적이지만 사실 우리 같은 개인투자자들이 실제로 해보기는 쉽지 않은 방식입니다. 거시경제에 대한 지식이 필요하고, 각 산업의 동향을 정기적으로 파악하고 있어야 하기 때문입니다. 인터넷과 모바일이 발전한 요즘엔 정보 접근성이 과거에 비해 높아졌지만, 정보를 정확히 해석하는 것은 어려운 일일 수 있습니다.

이렇듯 개인투자자들의 필수 요소는 아니지만 그럼에도 톱다운 방식의 중요도는 높습니다. 과거와 달리 요즘의 주식투자는 우리나라 주식 시장에만 무대를 국한하지 않고 미국, 중국 등 글로벌 주식 시장으로 확대할 수 있기 때문이죠. 보다 퀄리티 있는 주식투자를 가능하게 해주는 것이 톱다운 투자 방식입니다.

바텀업 방식

TV나 신문을 보면 4차 산업혁명이 단연 화두라고 합니다. 몇 년 전에는 구글의 '알파고'라는 인공지능이 이세돌 9단과 바둑 시합을 해서 이기기도 했고요. 사물인터넷, 인공지능, 빅 데이터, 클라우드, 5G, 자율주행 등 과거에는 없었던 산업이 현재 세상을 변화시키고 있습니다. 그런데 이 모든 기술들은 엄청난 양의 반도체를 필요로 한다고 하는군요. 마침 우리나라가 반도체 1위 국가인 데다 삼성전자가 그중 1등이라고 하니 삼성전자 주식이 많이 오를 것이란 예상을 해볼 수 있겠죠?

이렇듯 전반적인 경기 상황이나 산업에 대한 분석보다는 종목 본연의 가치에 집중하는 것이 톱다운 방식의 반대 개념인 바텀업 방식, 즉 '상향식 투자'입니다. 앞서 살펴본 톱다운 방식을 따르려면 거시경제에 대한 지식을 바탕으로 경제 상황과 산업 동향을 정기적으로 파악해야 하기 때문에 개인투자자들의 접근이 어려운 반면, 바텀업 방식을 활용하면 주식투자에 상대적으로 쉽게 접근할 수

톱다운 방식

거시경제 분석 → 산업 분석 → 기업 분석 → 투자 유망 종목 발굴

바텀업 방식

투자 유망 종목 발굴 → 기업 분석 → 산업 분석 → 거시경제 분석

있습니다. 물론 톱다운보다 꼼꼼히 종목을 분석해야 하기에 마냥 쉽게 여길 만한 방법도 아니지만요.

여튼 톱다운 방식이 항공 뷰라면 바텀업 방식은 개미 뷰(ant view) 방식이라고 할 수 있겠습니다. 우리 같은 개인투자자들을 흔히 '개미'라 일컫죠. 원래는 자금력이 워낙 작아서 그렇게 불리는 것이지만, 어쩌면 개미 뷰 투자를 주로 하니 개미투자자일 수도 있겠단 생각이 드네요.

혹시 '개미투자자'라고 하면 하찮다거나 너무 약한 투자자라는 등 부정적인 느낌이 드시나요? 그러실 필요 없습니다. 투자의 대가 워런 버핏도 바로 이런 개미 뷰 방식으로 투자를 하니까요!

WHAT

어떤 주식을
택해야 할까?

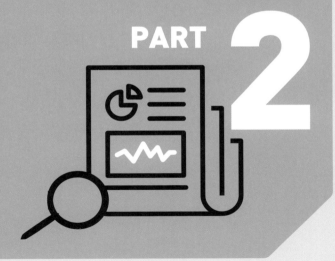

PART **2**

옷을 사러 쇼핑몰에 가서도

몇몇 후보들을 먼저 골라놓은 뒤

그중에서 가장 좋은 것들을 추려서 사듯

관심종목 리스트를 만들었다면

그다음으로 해야 할 일은 각각의 주식종목이

정말 투자할 가치가 있는지를 분석하는 것입니다.

그래야 투자 성공률을 높일 수 있으니까요.

전문가들의 의견이 투자 향방을 정하는 데

도움이 되는 것은 사실이지만

최종 투자 결정은

투자자 본인이 해야 합니다.

2장에서는 그러한 결정을 내리는 데

필요한 요소들을 설명해드릴게요!

INVESTMENT IN STOCKS

좋은 주식의
세 가지 요건은?

CHAPTER 4

영화나 드라마에선 기업의 경영권을 두고 서로 대립하는 형제들이 소재로 자주 등장합니다. 아버지가 기업을 열심히 일궈놨지만 자식들은 원하는 바가, 또는 서로의 이해관계가 달라 다툼이 발생하는 식으로 말이죠. 그런데 이런 일은 픽션이 아닌 현실에서 일어나는 일이기도 합니다. 실제로 현재 모 기업에선 회장의 갑작스러운 사망으로 이런 상황에 처해 있습니다. 여하튼 이렇게 다툼을 시작한 자식들은 저마다 향후 회사를 이끄는 대표이사 자리에 오르려 합니다. 대표이사는 그 회사의 주주총회에서 주주들을 통해 선임되어야 하기 때문에, 회장의 자녀들은 회사 지분을 추가로 확보하려 하거나 주주들을 자신의 편으로 만들기 위해 무척 애를 씁니다. 여기서 '자기편을 확보한다'는 것은 '우호지분을 확보한다'는 뜻이고, 이 '우호지분'이 곧 '주식'입니다. 기업은 중요한 의사결정을 하기 위해 주주총회를 여는데, 경영자 입장에선 자신의 의견에 동의하는 주주가 많아야 본인이 원하는 방향으로 기업을 이끌어나갈 수 있습니다. 그렇기에 적정 수준의 지분 확보 및 우호지분을 만들려고 노력하는 것이죠.

이처럼 주식을 가진 주주는 회사의 주인이 되고 본인의 의견을 일정 부분 회사에 표출할 수 있습니다. 삼성전자 주식을 단 한 주만 산다 해도 이는 이건희 회장과 동업을 한다는 뜻, 삼성전자의 주인이 된다는 뜻입니다. 다시 말해 주주들은 주식투자를 통해 그 회사의 사업에 동참하는 것입니다. 자, 그럼 어떤 기업의 주인이 되는 것이 좋을까요? 또 어떤 주식이 좋은 주식이라 할 수 있을까요? 좋은 주식은 크게 세 가지 요건, 즉 수익성, 안정성, 성장성이란 요건을 갖춰야 합니다.

① 수익성

첫 번째 요건은 수익성입니다. 요즘 맛집들 많이 다니시죠? 특히 식사 시간대에 가면 꼭 한 시간 이상 줄을 서고 기다려야만 테이블을 잡을 수 있는 식당들이 꽤 있습니다. 오래도록 기다렸다가 드디어 내 차례가 와서 테이블로 안내받아 음식을 주문한 뒤, 식당 내부의 풍경을 바라보며 이런 계산을 한 번쯤 해보지 않으셨나요?

'테이블은 열 개가 있네, 이 테이블들이 평균 30분에 한 번씩 회전한다 치자. 그리고 이렇게 사람들이 몰리니 하루 평균 500명쯤은 되겠지. 1인당 평균 1만 원의 매출이 일어난다 치면 하루 매출은 500만 원이고, 한 달이면 약 1억 5,000만 원의 매출을 올리겠네? 와아, 나도 이런 식당 운영에 도

전해볼까?'

이런 생각은 곧 이 집의 주인이 되고 싶다는 뜻이겠지요. 이 식당처럼 수익성이 높은 가게를 소유한다면 누구든 큰 부자가 될 수 있을 테니까요.

하지만 꼭 그 식당 자체를 손에 넣어야만 주인이 될 수 있는 것은 아닙니다. 만약 이 식당을 운영하는 회사가 주식 시장에 상장되어 있다면 그 회사의 주식에 투자하는 방법을 통해 사업에 동참할 수 있고, 그렇게 투자한 식당이 성장하면 주식의 가치도 같이 오를 테니까요. 이처럼 투자 관점에서 봤을 때의 좋은 주식이란 소문난 맛집처럼 '이익을 잘 창출해내는 회사'의 주식입니다.

❷ 안정성

맛집이란 아이템은 참 좋은데 어느 누구나 맛집을 손쉽게 차릴 수 있다면 어떻게 될까요? 처음엔 장사가 정말 잘되겠지만, 경쟁 식당이 주변에 우후죽순으로 생기면서 손님도 뺏길 겁니다. 손님이 자꾸 줄어드니 가격을 낮춰야 하는 등 부정적 상황이 지속되다 보면 사업이 위태로워져 자칫 망해버릴 수도 있습니다. 이처럼 내가 투자한 회사가 망하면 나의 투자금도 모두 날아가버리겠죠? 그러므로 '망할 위험이 없는 안정적인 회사의 주식'이 좋은 주식입니다.

❸ 성장성

마지막 세 번째 요건은 성장성입니다.

제가 즐겨 찾는 참치횟집이 있습니다. 12년 전 처음 갔을 때는 고작 대여섯 개의 테이블만 있었는데 장사가 잘되자 옆 가게까지 사들여 매장을 넓히더니 그다음엔 옆 건물로까지 확장을 하더군요. 그리고 점차 서울 전역에 직영점과 대리점을 내면서 지금은 엄청난 기업형 식당이 되었습니다. 이 횟집의 주인은 정말 큰 부자가 되었겠죠? 이 참치횟집에 투자한 사람이 있다면 그 투자자 역시 큰 수익을 얻었을 것입니다. 이처럼 '지속적으로 성장하는 회사의 주식'도 좋은 주식의 요건 중 하나입니다.

요약하면 좋은 주식은 ❶ 이익을 잘 창출하고, ❷ 망할 위험이 없으며, ❸ 꾸준히 성장하는 회사의 주식이라고 정리할 수 있겠습니다. 조금 있어 보이는 말로 하자면 각각 수익성, 안정성, 성장성이 되는데, 이것들이 바로 우리가 주식을 사기 전에 반드시 확인해봐야 할 핵심 체크포인트입니다. 그럼 이제부터 하나씩 좀 더 자세히, 차근차근 살펴볼까요?

INVESTMENT IN STOCKS

수익성

내가 투자하는 회사의 수익성은 주식투자에 매우 중요합니다. 그 회사 주식의 가격에 수익성이 큰 영향을 미치기 때문이죠. 그렇다면 우리가 투자하는 회사의 수익성은 어떻게 손쉽게 평가할 수 있을까요?

회사가 돈을 벌려면 그에 앞서 먼저 돈을 써야 합니다. 카페를 운영할 거라면 매장을 임대하고, 커피 원두 및 관련 기계를 구입하고, 직원도 고용해야 합니다. 이렇게 해야 커피를 만들고 판매해서 돈을 벌 수 있으니까요. 이후 이 카페가 커피 판매를 통해 벌어들인 돈이 사전 준비 단계에서 쓴 돈보다 많다면 '수익성이 좋다', 반대로 벌어들인 돈이 판매하기 위해 사용한 돈에 못 미친다면 '수익성이 나쁘다'고 할 수 있습니다. 요약하자면 '판매를 통해 번 돈'에서 '판매를 위해 쓴 돈'을 뺀 것이 수익이 되는 겁니다.

한 달 동안 커피를 판매해서 1,000만 원의 매출이 발생한 상황을 가정해보겠습니다. 이 매출액 전부가 회사의 수익은 아닙니다. 실제로 얼마의 수익을 남겼는지는 이 매출을 위해 들어간 돈을 차감한 후에야 알 수 있죠. 커피 원두를 사는 데 200만 원, 인건비와 임대료 등으로 300만 원이 지출되었다면 이 카페의 한 달 이익은 다음과 같이 500만 원이 됩니다.

벌어들인 돈   사용한 돈
(원재료비)   사용한 돈
(판매관리비)

커피 판매   원두   제조
(인건비, 임대료 등)

1,000만 원   **200만 원**   **300만 원**

한 달 수익

500만 원

이처럼 내가 투자하는 기업이 수익성이 좋은지 나쁜지를 판단하려면 회사가 벌어들인 돈과 벌어들이기 위해 쓴 돈을 봐야 합니다. 벌어들인 돈보다 쓴 돈이 적으면 이익이, 벌어들인 돈보다 쓴 돈이 많으면 손실이 발생한 것이죠. 이것이 기업의 수익성을 쉽게 확인하는 방법입니다.

다만 투자자 입장에서 한 기업의 수익성을 분석하는 데는 큰 걸림돌이 있습니다. 수익성은 재무제표를 통해 확인해야 하는데 그 용어가 어렵고 내용이 꽤 많기 때문이죠.

다음 페이지의 표는 삼성전자의 특정시점 손익계산서입니다. 딱 보자마자 '대체 뭘 어떻게 봐야 한다는 거지?' 하는 생각부터 들지 않으시나요? 얼마를 벌고 얼마를 써서 얼마가 남았는지 한눈에 쉽게 볼 수 있으면 좋으련만, 뭔가 복잡하고 어려우니 해석을 해야 할 것만 같아 겁이 납니다. 이런 걸 잘 보고 해석하지 못하면 주식투자에서도 실패할 듯하고 말이죠.

하지만 그럴 필요 없습니다. 투자자를 위해 이러한 손익계산서 등을 알기 쉽게 가공해주는 사이트가 있거든요. 바로 컴퍼니가이드(http://comp.fnguide.com)라는 사이트입니다.

손익계산서 계정과목

단위: 백만 원

과 목	제 OO 기
수익(매출액)	154,772,859
매출원가	113,618,444
매출총이익	41,154,415
판매비와관리비	27,039,348
영업이익(손실)	14,115,067
기타수익	678,565
기타비용	4,281,534
금융수익	3,908,869
금융비용	19,032,469
법인세비용차감전순이익(손실)	3,679,146
법인세비용	15,353,323
계속영업이익(손실)	15,323,323
당기순이익(손실)	11,737,68
주당이익	
기본주당이익(손실) (단위 : 원)	2,260
희석주당이익(손실) (단위 : 원)	2,260

출처: 금융감독원 전자공시시스템_ 삼성전자 분기보고서 내 손익계산서

컴퍼니가이드는 일반 투자자들도 무료로 사용 가능하고 대부분의 증권사 HTS(홈트레이딩 시스템) 프로그램에 자동으로 연결되어 있기 때문에 쉽게 접속해서 활용할 수 있답니다. 앞으로 우리는 컴퓨터와 모바일을 통해 많은 정보를 보고 분석할 테니 이 사이트를 즐겨찾기에 추가해두시면 좋을 거예요.

컴퍼니가이드 활용법을 알아보기 이전에 여러분이 반드시 알아둬야 할, 수익성 분석과 관련된 세 가지 지표가 있습니다. 사실 그보다 더 많은 지표가 있지만 가장 중요한 세 가지만은 꼭 알고 있어야 해당 기업의 수익성이 좋은지 나쁜지를 판별할 수 있습니다. 약간 어려울 수 있지만 이 부분은 집중해서 읽어주시기 바랍니다.

수익성 분석을 위해 알아둬야 할 세 가지 지표로는 매출총이익률, 영업이익률, 자기자본순이익률이 있는데요, 지금부터 이것들을 하나씩 살펴보겠습니다.

❶ 매출총이익률

매출총이익률은 매출을 통해 얼마의 이익을 얻었는지 확인할 수 있는 수치입니다. 매출은 높지만 매출원가도 높다면 좋은 매출이 아니죠. 매출액에서 매출원가를 차감하면 매출총이익이 나오는데 이를 매출액으로 나눈 뒤 100을 곱해서 매출총이익률을 표시합니다. 이 비율이 높을수록 수익성이 좋다고 할 수 있습니다.

❷ 영업이익률

두 번째는 영업이익률, 즉 매출액에 대한 영업이익의 비율입니다. 인건비 등 판매관리비가 효율적인지를 확인해볼 수 있는 지표죠. 자신의 사업장을 운영하시는 사장님들이 요즘 '최저임금 인상 때문에 사업하기가 너무 힘들다'고 말하는 것을 많이 들어보셨을 겁니다. 인건비가 오르니 판매관리비(판관비)가 오르고, 그 결과 영업이익이 줄어들어 그런 것이죠.

매출액이 이전과 같은데 영업이익이 줄어들었다면 영업이익률은 어떻게 달라질까요? 당연히 낮아질 겁니다. 영업이익률은 전체 매출에서 영업이익이 차지하는 비율이니까요. 반대로 지출한 비용이 적어진다면 영업이익이 늘어나면서 영업이익률도 높아집니다. 따라서 영업이익률이 높을수록 수익성이 높다고 할 수 있습니다.

❸ 자기자본이익률

마지막 지표는 자기자본이익률(ROE, return on equity)입니다. 내가 투자한 돈에 비해 얼마나 벌었는지를 확인할 수 있는 지표죠. 이 비율이 높은 기업일수록 수익성이 우수하다고 볼 수 있습니다.

하지만 주의할 것이 있습니다. 사업에 부채가 많이 투입된 경우에도 이 지표가 높게 나올 수 있기 때문에 뒤에서 설명드릴 안정성 지표를 함께 확인해야 한다는 점입니다.

가령 내 돈 1,000만 원과 은행부채 9,000만 원으로 사업을 시작해서 1,000만 원을 벌었다면 자기자본이익률은 100%입니다. 나의 자본 1,000만 원으로 1,000만 원의 수익을 벌었으니까요. 그러나 부채비율이 900%라는 데도 주목해야 하죠. 이런 주식은 수익성은 높지만 반대로 수익을 못 내 적자가 발생할 경우엔 큰 손실이 발생할 수 있어 안정성 측면에서는 좋지 않은 주식이 됩니다.

이상의 세 지표를 삼성전자 주식에 적용하여 실제로 수익성을 분석해볼까요? 재무제표를 정석대로 분석하려면 금융감독원 전자공시시스템(http://dart.fss.or.kr)에 들어가서 꼼꼼히 뜯어봐야겠지만, 숫자들이 너무나 다양하게 나열되어 있어 시작도 하기 전에 좌절할 수 있습니다. 그러니 전자공시시스템을 통한 재무제표는 지식 수준이 어느 정도 올라오면 보기로 하고, 우리는 보다 쉬운 길로 가겠습니다.

삼성전자의 주식은 컴퍼니가이드에서 검색하여 바로 확인할 수 있습니다. 이 화면의 상단 메뉴에 있는 '기업정보→재무비율'을 클릭해볼까요?

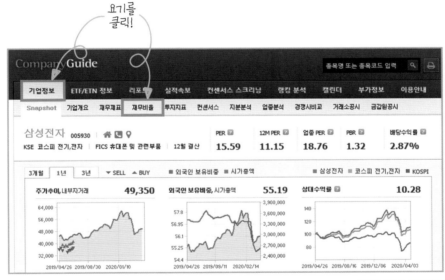

출처: 컴퍼니가이드

71

표를 보면 수익성비율 항목에 일곱 가지가 나오는데요. 하나하나가 중요한 지표지만 우리는 앞에서 설명한 세 가지, 즉 ①매출총이익율, ②영업이익률, ③자기자본이익률(ROE)만 보도록 하겠습니다.

삼성전자의 매출총이익률을 보면 2015년 이후 꾸준히 상승하여 2018년에는 46% 수준까지 올라와 양호한 모습을 보였네요. 하지만 2019년에는 36.1%로 약 10% 포인트가량 하락했습니다. 아무래도 판매가격이 낮아졌거나 제품 원가가 상승한 것이 원인으로 작용한 듯합니다. 2018년 중반 이후 반도체 경기가 좋지 않다는 뉴스 기사가 많았는데 아마 그 이유 때문인 것으로 보이네요.

그다음으로 영업이익률을 살펴보겠습니다. 영업이익률 역시 매출총이익과 마찬가지로 2015년 이후 꾸준히 상승, 2018년에는 24.2%까지 올라 양호한 모습을 보였다가 2019년에는 12.1%까지 하락했습니다. 매출총이익률 하락 요인에 판관비 상승까지 더해져 영업이익이 급격히 줄어든 것으로 분석할 수 있습니다. 그렇다 해도 절반 수준까지 떨어진 것을 보면 반도체 경기가 정말 좋지 않은 상황인 것 같네요.

자기자본이익률은 어떨까요? 2015년엔 11.2%였고 2017년에는 21%로 정점을 찍었군요. 이어 2018년엔 19.6%를 기록했지만 2019년엔 8.7%로 크게 하락했습니다. 주주 입장에서 보면 1년 만에 수익이 절반 이상으로 줄어버린 셈이죠.

'ROE=자기자본이익률'이에요!

삼성전자 재무비율

단위: %, 억 원

IFRS(연결)	2015년 12월	2016년 12월	2017년 12월	2018년 12월	2019년 12월
안정성비율					
유동비율 ?➕	247.1	258.5	218.8	252.9	284.4
당좌비율 ?➕	209.9	225.0	181.6	210.9	242.4
부채비율 ?➕	35.3	35.9	40.7	37.0	34.1
유보율 ?➕	20,659.5	21,757.6	23,681.4	26,648.2	28,302.4
순차입금비율 ?➕	N/A	N/A	N/A	N/A	N/A
이자보상비율 ?➕	34.0	49.7	81.9	87.3	40.5
자기자본비율 ?➕	73.9	73.6	71.1	73.0	74.6
성장성비율					
매출액증가율 ?➕	-2.7	0.6	18.7	1.8	-5.5
판매비와관리비증가율 ?➕	-4.1	3.1	8.2	-7.3	5.5
영업이익증가율 ?➕	5.6	10.7	83.5	9.8	-52.8
EBITDA증가율 ?➕	9.9	5.5	51.7	12.7	-32.8
EPS증가율 ?➕	-19.0	24.5	98.2	11.1	-47.5
수익성비율					
매출총이익률 ?➕	38.5	40.4	46.0	45.7	36.1
세전계속사업이익률 ?➕	12.9	15.2	23.5	25.1	13.2
영업이익률 ?➕	13.2	14.5	22.4	24.2	12.1
EBITD마진율 ?➕	23.6	24.8	31.6	35.0	24.9
ROA ?➕	8.1	9.0	15.0	13.8	6.3
ROE ?➕	11.2	12.5	21.0	19.6	8.7
ROIC ?➕	18.9	20.3	33.2	30.4	13.2

출처: 컴퍼니가이드

이렇게 삼성전자의 현재 수익성을 과거와 비교해봤는데요. 2019년까지 삼성전자의 수익성은 과거 대비 썩 좋아 보이지 않았습니다. 명색이 우리나라 1등 기업인데 뭔가 많이 아쉽죠.

이 세 지표를 경쟁사의 같은 지표와 비교해본다면 삼성전자에 대해 더 잘 알 수 있지 않을까요? 비교할 수 있는 대상이 있으면 상대적으로 이 회사가 어떤 면에서 강점과 약점이 있는지, 또는 그간 올린 성과가 상대적으로 큰지 작은지 등을 좀 더 구체적으로 판단할 수 있을 테니까요.

삼성전자는 반도체뿐 아니라 가전, 모바일 부문에 이르기까지 다양한 사업 영역이 있어 어떤 회사가 경쟁사라고 정확히 뽑긴 어려운 것이 사실입니다. 하지만 삼성전자의 사업 영역에서 가장 큰 비중을 차지하는 것이 반도체 부문이니 이 부문을 경쟁사와 비교해볼 수는 있겠죠. 바로 우리나라의 반도체 산업을 대표하고 있는 기업 중 하나인 SK하이닉스와 말입니다.

컴퍼니가이드에서 SK하이닉스의 수익성 지표를 살펴보겠습니다. 메인화면 오른쪽 상단의 검색창에 'SK하이닉스'를 입력해주세요. 그리고 앞서와 마찬가지로 상단 메뉴의 '기업정보' 밑에 있는 '재무비율'을 클릭하면 SK하이닉스의 수익성비율을 볼 수 있습니다.

SK하이닉스 재무비율

단위: %, 억 원

IFRS(연결)	2015년 12월	2016년 12월	2017년 12월	2018년 12월	2019년 12월
안정성비율					
유동비율 ❓➕	201.6	236.5	213.3	152.7	183.6
당좌비율 ❓➕	161.9	187.8	180.8	118.7	116.4
부채비율 ❓➕	38.8	34.1	34.3	35.9	35.1
유보율 ❓➕	505.8	577.7	845.6	1,249.3	1,278.9
순차입금비율 ❓➕	N/A	0.8	N/A	N/A	16.1
이자보상비율 ❓➕	45.0	27.3	110.7	220.3	11.4
자기자본비율 ❓➕	72.1	74.6	74.5	73.6	74.0
성장성비율					
매출액증가율 ❓➕	9.8	-8.5	75.1	34.3	-33.3
판매비와관리비증가율 ❓➕	15.4	6.4	17.6	19.9	23.4
영업이익증가율 ❓➕	4.4	-38.6	318.8	51.9	-87.0
EBITDA증가율 ❓➕	8.6	-16.8	142.4	45.5	-58.7
EPS증가율 ❓➕	3.0	-31.7	260.3	46.0	-87.0
수익성비율					
매출총이익률 ❓➕	44.1	37.3	57.8	62.5	30.3
세전계속사업이익률 ❓➕	28.0	18.7	44.6	52.8	9.1
영업이익률 ❓➕	28.4	19.1	45.6	51.5	10.1
EBITD마진율 ❓➕	49.4	45.0	62.3	67.4	41.7
ROA ❓➕	15.3	9.6	27.4	28.5	3.1
ROE ❓➕	21.9	13.0	36.8	38.5	4.3
ROIC ❓➕	23.0	13.7	41.0	44.6	5.0

출처: 컴퍼니가이드

SK하이닉스의 매출총이익률은 2018년 62.5%였는데 2019년에는 30.3%로 절반 이상 수익성이 훼손되었습니다. 51.5%였던 영업이익률은 20% 수준인 10.1%로, 자기자본이익률은 38.5%에서 4.3%로 급전직하했네요. 주주 입장에서 보면 전년보다 9분의 1 수준으로 수익이 대폭 줄어든 셈입니다.

이렇게 SK하이닉스와 비교해보면 2019년에 삼성전자가 보인 수익성 악화는 매우 나쁜 수준이 아님을 알 수 있습니다. 반도체 외 모바일과 가전 등으로 사업다각화를 잘 해놓은 덕분일 수도 있겠지만, 어려운 상황에서 그나마 선방했다고 해석해볼 수도 있다는 뜻입니다.
많이 어렵진 않으시죠? 그럼 이젠 '안전성'에 대해 알아볼게요!

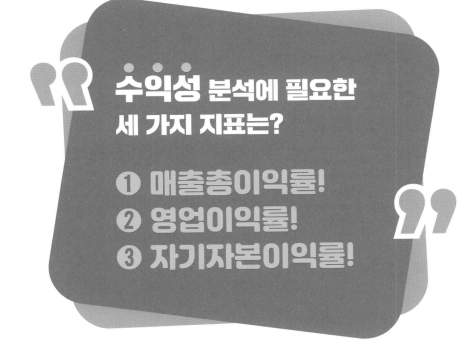

수익성 분석에 필요한
세 가지 지표는?

❶ 매출총이익률!
❷ 영업이익률!
❸ 자기자본이익률!

INVESTMENT IN STOCKS

안정성

주식투자에 있어 회사의 안정성은 수익성 못지않게 매우 중요합니다. 아무리 수익이 많아도 기업이 망하면 내가 투자한 주식 모두가 휴지 조각이 되어버리니까요. 말하자면 '안정성'은 망하지 않는 회사의 필수 요건인 셈입니다. 그럼 내가 투자하는 회사의 안정성은 어떻게 쉽게 평가할 수 있을까요?

안정성 평가 시 가장 중시되는 것은 부채의 규모 및 종류입니다. 회사의 자산은 '갚지 않아도 되는 돈'과 '갚아야 되는 돈'으로 구성되어 있습니다. 회사의 전체 자산 중 갚아야 하는 돈이 많으면 많을수록 안정성이 떨어진다고 볼 수 있는 것이죠.

가령 카페를 창업하는 데 총 3억 원이 들었다고 가정해보겠습니다. 그중 1억 원은 내 돈이고, 나머지 2억 원은 은행에서 빌린 돈입니다. 총 3억 원이 투입된 카페지만 내 돈은 1억 원만 투입되었으니 적은 비용으로 비싼 카페를 차린 것이죠. 하지만 은행에서 빌린 2억 원은 언젠가 갚아야 하는 돈입니다. 이 경우 이 카페의 부채비율은 200%입니다. 내 돈, 즉 갚지 않아도 되는 돈보다 두 배나 많은 금액을 빌렸기 때문이죠.

카페 창업

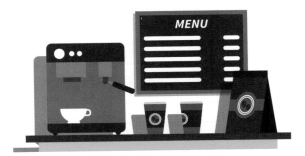

투입 자본: 3억 원

내 자본: 1억 원
(갚지 않아도 되는 돈)

은행 대출: 2억 원
(갚아야 하는 돈)

∴ **부채비율: 200%**

짐작하셨겠지만, 회사의 자산에서 부채가 차지하는 비중이 높을수록 회사의 안정성은 떨어집니다. 돈이 잘 벌리는 시기엔 부채가 더 많은 돈을 벌어주지만, 그렇지 못한 시기엔 부채 탓에 큰 손실이 발생하거든요. 회사가 망하는 이유는 돈을 못 버는 시기가 계속되고, 그러다 결국 부채를 갚지 못해서입니다. 부채라는 지표를 매우 중요하게 살펴봐야 하는 이유가 이것입니다.

한 기업의 부채는 재무제표에서 확인할 수 있습니다. 다음 페이지의 표가 바로 재무제표죠. 그런데 앞서 봤던 손익계산서와 마찬가지로 이 역시 눈에 잘 들어오지 않습니다. 게다가 뭔가 더 복잡하고 어려워 보이기도 하고요.

하지만 앞서 수익성 분석에서 그랬듯 여기에서도 컴퍼니가이드를 활용하면 우리가 원하는 정보를 손쉽게 확인해볼 수 있습니다. 수익성을 분석해봤을 때와 마찬가지로 안정성도 딱 세 가지 지표 확인을 통해 분석해보겠습니다.

재무제표의 부채 계정과목

단위: 천 원

부 채	제 51 기	
유동부채	**63,782,764**	
매입채무	8,718,222	
단기차입금	14,393,468	
미지급금	12,002,513	
선수금	1,072,062	
예수금	897,355	
미지급비용	19,359,624	
당기법인세부채	1,387,773	
유동성장기부채	846,090	
충당부채	4,068,627	
기타유동부채	1,037,030	
비유동부채	**25,901,312**	
사채	975,298	
장기차입금	2,197,181	
장기미지급금	2,184,249	
순확정급여부채	470,780	
이연법인세부채	17,053,808	
장기충당부채	611,100	
기타비유동부채	2,408,896	
부채총계	89,684,076	

출처: 금융감독원 전자공시시스템_ 삼성전자 분기보고서 내 재무제표

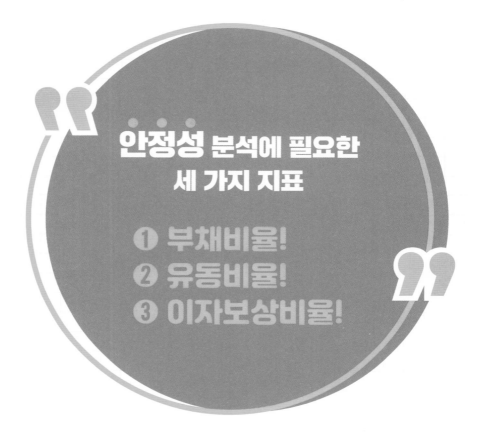

안정성 분석에 필요한
세 가지 지표

① 부채비율!
② 유동비율!
③ 이자보상비율!

❶ 부채비율

첫 번째로 살펴볼 부채비율은 자본 대비 부채가 얼마나 되는지를 알려주기 때문에 해당 회사의 자산건전성을 확인할 수 있는 대표적 지표입니다. 이 비율이 낮을수록 그 기업의 자산건전성은 매우 높고 안정적이라고 판단할 수 있죠.

물론 부채비율이 낮다고 해서 무조건 좋은 것은 아닙니다. 이 비율이 낮으면 앞서 살펴본 수익성 지표 중 자기자본이익률이 낮아지거든요. 대출 등 외부자금을 활용하면 적은 자본으로도 큰 수익을 낼 수 있는 레버리지 효과가 발생하기 때문이죠. 따라서 적절한 수준의 부채를 써서 자기자본의 효율성을 높이는 일도 필요합니다. 다만 이때의 부채는 회사가 감당할 수 있는 수준의 것이어야겠죠. 그래서 주식의 안정성을 분석할 때는 부채비율을 보완할 수 있는 유동비율과 이자보상비율을 함께 살펴봐야 합니다.

❷ 유동비율

두 번째인 유동비율은 유동자산이 유동부채의 몇 배인가를 나타내는 지표로, 기업의 부채 지급 능력이 어느 정도 되는지 판단하는 데 사용됩니다. 유동비율을 살피면 부채비율에서 확인할 수 없는 내용을 보완, 파악할 수 있습니다. 이 비율이 높을수록 자산건전성이 높다고 할 수 있는데요, 일반적으로는 200% 이상 되어야 안정적인 회사라고 판단합니다.

기업의 입장에서는 금액이 크고 상환기간이 짧을수록 위험한 부채에 해당합니다. 간혹 신문 기사를 통해 '흑자도산'이라는 표현을 접해보셨을 텐데요, 수익은 발생하고 있지만 당장 빚을 갚을 수 있는 현금이 없어서 파산하는 것을 흑자도산이라고 칭합니다. 이처럼 아무리 자산이 많아도 상환 시점에 현금이 없어 부채를 못 갚는다면 매우 곤란한 상황에 처하겠죠. 그렇기에 유동비율은 기업의 현금 동원력을 나타내는 지표라고 생각하면 된답니다.

자기자본
1억 원

은행 돈
2억 원

임대보증금
2억 원

카페를 창업할 때 내 돈 1억 원과 은행 돈 2억 원을 합해 모두 3억 원을 사용했다고 가정해보죠. 그중 2억 원은 임대보증금, 8,000만 원은 인테리어 비용 및 커피머신, 제빙기, 냉장고 등 설비 구매비로 사용되었습니다. 총 자산 3억 원 중 2억 8,000만 원은 당장 현금화할 수 없는 자산이 되어버렸죠? 그러므로 현재 이 가게의 현금성 자산은 2,000만 원인데요, 은행에서 빌린 2억 원을 1년 안에 상환해야 한다면 유동비율은 10%가 됩니다. 은행 부채가 2억 원이고 이 카페의 현금성 자산이 2,000만 원이니까요. 매우 위험한 수준이죠. 지금 돈을 아무리 많이 벌고 있어도 1년 내 2억 원을 만들지 못하면 파산할 수도 있는 상황인 것입니다.

이처럼 유동비율은 회사의 지불 능력을 판단하는 분석 지표로 활용되고, 일반적으로 이 비율이 높으면 지불 능력이 크다는 뜻이니 해당 업체의 안정성이 높다고 판단할 수 있습니다.

인테리어비,
설비 구매비
8,000만 원

현금성 자산
2,000만 원

❸ 이자보상비율

마지막으로 살펴볼 것은 기업의 채무상환 능력을 나타내는 이자보상비율입니다. 벌어들인 영업이익으로 그 기업은 부채에서 발생하는 금융비용을 어느 정도 감당할 수 있는지를 파악하는 데 도움이 되는 지표죠.

부채로 자금을 조달하면 이자비용이 발생합니다. 그런데 만약 벌어들인 이익이 작아서 이자비용 같은 금융비용을 감당할 수 없다면 그 기업은 무엇을 어떻게 해야 할까요? 은행에서 추가로 돈을 빌려야 할 겁니다.

그럼 은행은 이런 기업에게 순순히 추가 대출을 해줄까요? 처음 대출해줬던 시기보다 부도 위험이 높아졌으니 추가 대출 요청을 거절할 수 있음은 물론, 오히려 기존의 부채를 상환하라고 더 독촉할 수도 있을 겁니다. 이런 상황이라면 그 기업은 다른 곳에서 더 높은 금리로 자금을 끌어와야 합니다.

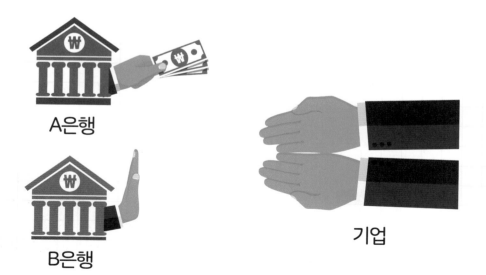

A은행

B은행

기업

카페 창업을 위해 은행에서 2억 원의 자금을 연 4%의 이자로 빌렸다면 매년 800만 원의 이자가 발생합니다. 그런데 벌어들이는 영업이익이 연간 800만 원 미만이라면, 그래서 이자비용조차 감당할 수 없다면 앞으로의 카페 운영을 위해 은행에서든 어디에서든 추가로 자금을 빌려야 할 겁니다. 그럼 이자비용이 점차 커질 것이고, 영업이익 대비 이자비용이 차지하는 비중, 즉 이자보상비율도 높아지겠죠. 그렇기에 이자보상비율이 높을수록 그 기업의 위험 정도도 높다는 점을 기억해야 합니다.

부채비율과 유동비율, 이자보상비율. 이 세 가지의 의미가 이제 이해되시나요? 안타깝지만 앞서 예로 든 카페와 같은 상황에 처한 업체는 우리 주변에서도 흔히 접할 수 있습니다. 우리가 투자하려는 기업도 이런 상황에 이미 놓여 있거나 머지않은 미래에 그렇게 될 가능성도 있죠. 그래서 사전에 이런 지표들을 확인한 뒤 자신이 투자할 주식을 선별해내야 합니다. 현재뿐 아니라 미래에도 유지될 수 있는 안정성 있는 기업의 주식이 좋은 주식임은 더 설명할 필요가 없겠죠?

그럼 지금까지 이해한 내용을 실제 삼성전자 주식에 적용해서 살펴보겠습니다. 컴퍼니가이드에 다시 접속하셔서 '기업정보' 밑의 '재무비율'로 다시 한 번 가보죠.

제일 위의 '안정성비율' 파트에는 총 일곱 가지 항목이 있는데요, 여기에서 우리는 부채비율과 유동비율, 이자보상비율 등의 세 가지만 제대로 확인하고 넘어가겠습니다.

삼성전자의 부채비율은 2015년에 35% 수준이었습니다. 2017년에 높아지긴 했지만 40% 선이었고, 앞서 살펴봤듯 2019년엔 수익성이 많이 저하되었는데 그럼에도 34% 정도에 그쳤네요. 순자산과 비교했을 때 부채의 크기가 3분의 1 수준, 다시 말해 부채보다 순자산이 세 배 정도 많다는 뜻입니다. 역시 대한민국 1등 기업답게 매우 안정적인 모습을 보이고 있다 할 수 있습니다.

삼성전자 재무비율

단위: %, 억 원

IFRS(연결)	2015년 12월	2016년 12월	2017년 12월	2018년 12월	2019년 12월
안정성비율					
유동비율 ?+	247.1	258.5	218.8	252.9	284.4
당좌비율 ?+	209.9	225.0	181.6	210.9	242.4
부채비율 ?+	35.3	35.9	40.7	37.0	34.1
유보율 ?+	20,659.5	21,757.6	23,681.4	26,648.2	28,302.4
순차입금비율 ?+	N/A	N/A	N/A	N/A	N/A
이자보상비율 ?+	34.0	49.7	81.9	87.3	40.5
자기자본비율 ?+	73.9	73.6	71.1	73.0	74.6
성장성비율					
매출액증가율 ?+	-2.7	0.6	18.7	1.8	-5.5
판매비와관리비증가율 ?+	-4.1	3.1	8.2	-7.3	5.5
영업이익증가율 ?+	5.6	10.7	83.5	9.8	-52.8
EBITDA증가율 ?+	9.9	5.5	51.7	12.7	-32.8
EPS증가율 ?+	-19.0	24.5	98.2	11.1	-47.5
수익성비율					
매출총이익률 ?+	38.5	40.4	46.0	45.7	36.1
세전계속사업이익률 ?+	12.9	15.2	23.5	25.1	13.2
영업이익률 ?+	13.2	14.5	22.4	24.2	12.1
EBITD마진율 ?+	23.6	24.8	31.6	35.0	24.9
ROA ?+	8.1	9.0	15.0	13.8	6.3
ROE ?+	11.2	12.5	21.0	19.6	8.7
ROIE ?+	18.9	20.3	33.2	30.4	13.2

출처: 컴퍼니가이드

유동비율도 한번 살펴보죠. 2015년엔 250%가 안 되는 수치였고 2017년 217%까지 하락했지만 2019년 12월 현재 280% 수준까지 올라섰습니다. 앞서 '일반적으로 유동비율이 200% 이상이면 안정적이라 판단한다'고 말씀드렸던 것 기억하시죠? 당장 갚을 부채에 비하면 현금화할 수 있는 자산이 세 배 가까이에 이르니 삼성전자는 큰 위기가 와도 갑작스레 망할 위험이 매우 낮은 기업이라 할 수 있습니다.

유동비율이 올라갈수록

기업이 무너질 위험은 낮아진다!

마지막으로 삼성전자의 이자보상비율은 어떤지 볼까요? 2015년 30배 수준이었던 것이 2016년에는 50배 수준으로 높아졌고, 수익성이 매우 좋았던 2017년과 2018년에는 80배를 넘어서기도 했습니다. 2019년 12월 현재에도 40배 수준이니 1년 전인 2018년보다는 낮아졌으나 여전히 안정적인 수준이고요.

종합하면 2019년 12월 현재 삼성전자의 안정성은 좋은 편으로 판단됩니다. 물론 이자보상비율이 전년에 비해 낮아지긴 했죠. 그러나 이를 '2019년에 낮아졌다'고 단편적으로 이해하기보다는 2018년에 워낙 높았던 탓이라고 해석하는 편이 합리적으로 보입니다.

한 나라의 1등 기업을 두고 망할 위험을 분석했으니 그 결과도 빤할 수밖에 없는 것이 사실입니다. 하지만 이런 작업을 해본 이유는 이 책을 읽고 난 후 여러분이 관심 있는 회사의 안정성을 이런 지표들로 분석해보시길 희망해서였습니다. 생각 외로 안정성이 떨어지는 회사들을 꽤 접하실 것이고, 그런 점에서 투자를 재고해볼 수 있을 테니까요.

앞에서와 마찬가지로 여기에서도 삼성전자와 SK하이닉스의 안정성 수치를 비교해보겠습니다. 한국에서는 삼성전자보다 인지도가 많이 떨어지는 것처럼 느껴지지만, 사실 SK하이닉스는 전 세계 반도체 업계를 이끌어가는 상위 3개사 중 하나입니다. 그렇기에 당연히 안정성에는 별 문제가 없겠지만, 그래도 확인하는 차원에서 한번 살펴보죠.

SK하이닉스 재무비율

단위: %, 억 원

IFRS(연결)	2015년 12월	2016년 12월	2017년 12월	2018년 12월	2019년 12월
안정성비율					
유동비율 ❓➕	201.6	236.5	213.3	152.7	183.6
당좌비율 ❓➕	161.9	187.8	180.8	118.7	116.4
부채비율 ❓➕	38.8	34.1	34.3	35.9	35.1
유보율 ❓➕	505.8	577.7	845.6	1,249.3	1,278.9
순차입금비율 ❓➕	N/A	0.8	N/A	N/A	16.1
이자보상비율 ❓➕	45.0	27.3	110.7	220.3	11.4
자기자본비율 ❓➕	72.1	74.6	74.5	73.6	74.0
성장성비율					
매출액증가율 ❓➕	9.8	-8.5	75.1	34.3	-33.3
판매비와관리비증가율 ❓➕	15.4	6.4	17.6	19.9	23.4
영업이익증가율 ❓➕	4.4	-38.6	318.8	51.9	-87.0
EBITDA증가율 ❓➕	8.6	-16.8	142.4	45.5	-58.7
EPS증가율 ❓➕	3.0	-31.7	260.3	46.0	-87.0
수익성비율					
매출총이익률 ❓➕	44.1	37.3	57.8	62.5	30.3
세전계속사업이익률 ❓➕	28.0	18.7	44.6	52.8	9.1
영업이익률 ❓➕	28.4	19.1	45.6	51.5	10.1
EBITD마진율 ❓➕	49.4	45.0	62.3	67.4	41.7
ROA ❓➕	15.3	9.6	27.4	28.5	3.1
ROE ❓➕	21.9	13.0	36.8	38.5	4.3
ROIC ❓➕	23.0	13.7	41.0	44.6	5.0

출처: 컴퍼니가이드

SK하이닉스도 부채비율이 삼성전자와 비슷한 30~40% 선입니다. 순자산이 부채보다 세 배쯤 많은 것이죠. 당장 갚아야 하는 부채보다 현금화할 수 있는 자산이 두 배 많은, 즉 유동비율도 180% 수준을 유지하고 있고요. 삼성전자보다 낮긴 하지만 불안한 편은 아닙니다. 더불어 이자보상비율 역시 11배쯤이라 삼성전자와 마찬가지로 SK하이닉스도 매우 안정적인 대한민국 대표 기업임을 확인할 수 있습니다. 물론 수치상으로 보면 SK하이닉스보다 삼성전자가 좀 더 안정적인 주식이라 하겠고요.

지금까지 좋은 주식이 갖는 세 가지 요소 중 '수익성' 및 '안정성'과 관련된 관련 지표들을 살펴봤습니다. 이제 남은 한 가지가 무엇인지 혹시 기억하시나요? 맞습니다. '성장성'이죠. ^^

INVESTMENT IN STOCKS

성장성

지금까지 좋은 주식의 조건 중 수익성과 안정성에 대해 알아봤습니다. 그런데 이 두 가지 지표로 잘 설명되지 않는 주식들이 간혹 있습니다. 바로 수익성과 안정성은 낮지만 가격이 급등하는 주식들이죠. 글로벌 기업 중 아마존(Amazon), 넷플릭스(Netflix), 알리바바(Alibaba) 등을 그 대표적 예로 들 수 있겠습니다. 눈앞의 이익을 성급히 창출하기보다는 미래를 위해 과감히 투자함으로써 급격히 성장해나가는 기업들이죠. 그래서 현재의 가치보다는 큰 미래성장성을 인정받아 주가가 높게 형성되어 있다는 점이 특징입니다.

흔히들 '주식은 꿈을 먹고 자라난다'고 합니다. 투자란 그 회사의 현재 가치보다 향후 가질 가치를 바라보고 하는 것이기 때문이죠. 이러한 유망 기업들을 이해하고 발굴해내려면 좋은 주식의 마지막 조건, 즉 성장 성에 대해 꼭 알아야 합니다.

카페를 다시 예로 들어보겠습니다. 창업 후 입소문이 나고 단골도 생겨나 장사가 꽤 잘되면서 창업 당시보다 점차 성장해 매장 규모를 늘리다가 이 내 다른 장소에도 분점을 냅니다. 분점이 하나둘 늘더니 프랜차이즈 형태 로까지 성장하네요.

이런 성장세를 보이고 있는 만큼 이 카페는 현재는 물론 향후에도 큰 이익 을 거둘 것이라 전망됩니다. 초기 1년간은 2,000만 원을 벌었으나 2년차에 는 4,000만 원, 3년차에는 6,000만 원의 성장세를 보이니 카페 가치는 점차 높아지고, 미래성장성이 크다는 기대를 받게 되죠.

창업 초기에 비해 가치가 매우 높아졌으니 사장은 다른 이에게 카페를 비싸게 매각하는 것도 가능해집니다. 기업들 중 이렇게 성장하는 곳을 찾아내는 데 필요한 것이 바로 성장성 분석입니다.

그럼 성장성을 분석하려면 어떤 지표를 살펴봐야 할까요? 여기에서도 세 가지 지표는 반드시 알아야 합니다. 바로 매출액증가율과 영업이익증가율, 그리고 순이익증가율이 그것입니다.

성장성 분석에 필요한
세 가지 지표

❶ 매출액증가율!
❷ 영업이익증가율!
❸ 순이익증가율!

❶ 매출액증가율

한 기업의 매출액이 당해년도에 얼마나 증가했는지 확인할 수 있는 지표입니다. 미국 상거래를 이끌어가고 있는 아마존의 경우 주가가 매우 높은 종목 중 하나인데요, 이 회사의 가치를 평가하려 할 때면 한 가지 의문이 생깁니다. 아마존이 거두는 이익 규모로는 현재의 높은 주가를 도저히 설명할 수 없거든요. 즉, 현재 가치 대비 주가가 너무나 높은 겁니다. 그 현상을 설명할 수 있는 요소는 오로지 빠르게 증가하고 있는 매출액증가율뿐입니다. 급격한 성장에 따른 기대감이 주가에 반영되는 거죠. 그만큼 매출액증가율은 성장 초기의 기업을 분석하는 데 매우 유용합니다. 다만 단점도 있습니다. 성장 초기 기업의 경우엔 각종 설비투자비용이나 영업비용, 그리고 고급 인력 영입에 필요한 지출 등이 클 수 있는데 이런 점이 감안된 지표는 아니라는 점입니다. 그래서 매출액증가율과 동시에 다른 두 요소를 함께 살펴봐야 하죠.

❷ 영업이익증가율

영업이익증가율은 매출액증가율에서 생산 등에 들어간 비용인 원재료비나 판관비를 차감한 지표로, 해당 기업의 성장을 파악하는 데 많이 활용됩니다. 매출액이 늘었는데 비용도 늘었다면 매출액증가율은 높아져도 영업이익증가율은 감소합니다. 반대로 매출액증가율이 이전과 동일하지만 과거에 비해 비용이 절감됐다면 영업이익증가율은 높아지죠. 그렇기에 영업이익증가율은 해당 기업의 영업활동이 효율적으로 이루어지고 있는지를 확인할 수 있는 지표라 하겠습니다.

❸ 순이익증가율

마지막 지표인 순이익증가율은 기업의 최종 경영성과인 <u>당기순이익이 전년에 비해 증가한 정도를 보여주는 지표</u>입니다. 주주 입장에서는 이익성장성을 확인할 수 있는 지표기도 하죠. 순이익을 주식발행총수로 나눈 주당순이익증가율, 즉 EPS증가율이라고도 하는데, EPS는 다음 장에서 더 자세히 알아보겠습니다. 여기에서는 순이익증가율이 일반적으로 <u>주식의 성장성을 분석할 때 가장 널리 쓰이는 지표</u>라는 점만 기억해주세요.

성장 정도는 업종이나 사업에 따라 달리 나타납니다. 때문에 A라는 기업의 성장성을 정확히 분석하려면 그와 비슷한 B 혹은 C 기업과의 비교를 통해 A 기업의 성장성 수치가 적정한지 먼저 확인하고, 그다음으론 과거 A 기업이 기록한 수치와 비교 분석함으로써 성장성이 정말 더 높아진 것인가의 여부를 판단해볼 수도 있습니다. 수익성 분석 및 안정성 분석에서 그랬듯, 이때의 비교 기업은 동종업계의 회사여야 한다는 점을 유념해야 합니다. 그럼 이 성장성 분석 지표를 실제 삼성전자 주식에 적용해볼까요? 자, 컴퍼니가이드의 메인 화면에서 재무비율로 가보죠.

삼성전자 재무비율

단위: %, 억 원

IFRS(연결)	2015년 12월	2016년 12월	2017년 12월	2018년 12월	2019년 12월
안정성비율					
유동비율 ❓➕	247.1	258.5	218.8	252.9	284.4
당좌비율 ❓➕	209.9	225.0	181.6	210.9	242.4
부채비율 ❓➕	35.3	35.9	40.7	37.0	34.1
유보율 ❓➕	20,659.5	21,757.6	23,681.4	26,648.2	28,302.4
순차입금비율 ❓➕	N/A	N/A	N/A	N/A	N/A
이자보상비율 ❓➕	34.0	49.7	81.9	87.3	40.5
자기자본비율 ❓➕	73.9	73.6	71.1	73.0	74.6
성장성비율					
매출액증가율 ❓➕	-2.7	0.6	18.7	1.8	-5.5
판매비와관리비증가율 ❓➕	-4.1	3.1	8.2	-7.3	5.5
영업이익증가율 ❓➕	5.6	10.7	83.5	9.8	-52.8
EBITDA증가율 ❓➕	9.9	5.5	51.7	12.7	-32.8
EPS증가율 ❓➕	-19.0	24.5	98.2	11.1	-47.5
수익성비율					
매출총이익률 ❓➕	38.5	40.4	46.0	45.7	36.1
세전계속사업이익률 ❓➕	12.9	15.2	23.5	25.1	13.2
영업이익률 ❓➕	13.2	14.5	22.4	24.2	12.1
EBITD마진율 ❓➕	23.6	24.8	31.6	35.0	24.9
ROA ❓➕	8.1	9.0	15.0	13.8	6.3
ROE ❓➕	11.2	12.5	21.0	19.6	8.7
ROIC ❓➕	18.9	20.3	33.2	30.4	13.2

출처: 컴퍼니가이드

빨간색 박스의 '성장성비율' 밑에는 다섯 가지 항목이 있는데요, 그중 매출액증가율, 영업이익증가율, EPS증가율만 꼼꼼히 보겠습니다.

2017년 삼성전자의 매출액은 전년인 2016년 대비 18%가 성장했지만 2018년에는 소폭 증가하는 데 그쳤고, 2019년 말엔 2018년보다 약 5.5% 감소했다고 나와 있습니다. 앞서의 수익성 지표 분석에서 살펴본 대로 반도체 경기가 좋지 않았던 상황에서 기인한 듯하네요.

2017년에 80% 이상 증가했던 영업이익은 2018년에 9.8%로 주저앉았고, 2019년 말엔 −52.8%, 즉 절반 이상 감소했습니다. 이렇게 영업이익이 전년의 반토막으로 줄어들었다면 제아무리 대한민국 1등 기업인 삼성전자의 주식이라 해도 매수하는 데는 무리가 있지 않을까 판단됩니다.

이 정도로 영업이익증가율이 낮은데 순이익증가율, 다시 말해 EPS 증가율이 좋을 리 없을 겁니다. 그나마 비용을 감소시킨 덕에 2019년 현재 EPS증가율은 −47.5%를 기록했네요.

이렇게 보면 현재 삼성전자는 성장은커녕 역성장을 우려해야 하는 상황 같습니다. 물론 반도체 경기는 워낙 오르고 내리는 속도가 빠르지만, 만약 지금이 2019년 말이고 성장성 지표로만 투자 여부를 판단한다면 삼성전자 주식을 사야 할 타이밍이 아닐 수 있습니다. 그럼 SK하이닉스도 이와 비슷할까요? 컴퍼니가이드에서 확인해보죠.

'EPS증가율=순이익증가율'이에요!

SK하이닉스 재무비율

단위: %, 억 원

IFRS(연결)	2015년 12월	2016년 12월	2017년 12월	2018년 12월	2019년 12월
안정성비율					
유동비율 ?➕	201.6	236.5	213.3	152.7	183.6
당좌비율 ?➕	161.9	187.8	180.8	118.7	116.4
부채비율 ?➕	38.8	34.1	34.3	35.9	35.1
유보율 ?➕	505.8	577.7	845.6	1,249.3	1,278.9
순차입금비율 ?➕	N/A	0.8	N/A	N/A	16.1
이자보상비율 ?➕	45.0	27.3	110.7	220.3	11.4
자기자본비율 ?➕	72.1	74.6	74.5	73.6	74.0
성장성비율					
매출액증가율 ?➕	9.8	-8.5	75.1	34.3	-33.3
판매비와관리비증가율 ?➕	15.4	6.4	17.6	19.9	23.4
영업이익증가율 ?➕	4.4	-38.6	318.8	51.9	-87.0
EBITDA증가율 ?➕	8.6	-16.8	142.4	45.5	-58.7
EPS증가율 ?➕	3.0	-31.7	260.3	46.0	-87.0
수익성비율					
매출총이익률 ?➕	44.1	37.3	57.8	62.5	30.3
세전계속사업이익률 ?➕	28.0	18.7	44.6	52.8	9.1
영업이익률 ?➕	28.4	19.1	45.6	51.5	10.1
EBITD마진율 ?➕	49.4	45.0	62.3	67.4	41.7
ROA ?➕	15.3	9.6	27.4	28.5	3.1
ROE ?➕	21.9	13.0	36.8	38.5	4.3
ROIC ?➕	23.0	13.7	41.0	44.6	5.0

출처: 컴퍼니가이드

SK하이닉스의 상황은 삼성전자보다 훨씬 심각해 보입니다. 2019년 12월 말 기준 삼성전자의 매출액증가율은 −5% 선이었는데 SK하이닉스는 −33% 수준이네요. 더불어 영업이익증가율과 EPS증가율 역시 −87%까지 낮아졌습니다. 이렇게 보니 삼성전자가 SK하이닉스보다 그나마 상대적으로 나은 편이긴 했으나, 반도체 업종에 있어 2019년은 분명 매우 어려운 시기였을 거란 생각이 드네요(그럼에도 두 기업의 주가는 2019년 하반기부터 급격히 상승했는데요, 그 이유는 뒤에서 살펴보겠습니다).

지금까지 좋은 주식이 갖춰야 할 세 가지 조건인 수익성·안정성·성장성, 그리고 그것들을 파악하는 데 도움이 되는 지표들을 알아봤습니다. 어느 한 가지 수치만 단편적으로 보며 판단하기보다는 세 조건을 바탕으로 입체적 분석을 거쳐야 좋은 주식을 선별해낼 수 있습니다.
그런데 실은 이 세 가지와 함께 한 가지 요소를 더 마지막으로 검증해봐야 한답니다. 그 요소가 뭘지 궁금하시죠? 다음 챕터에서 알아보겠습니다.

INVESTMENT IN STOCKS

가격적정성

앞서 말했듯 수익성과 안정성, 성장성 모두를 갖췄다면 좋은 기업임에 틀림없습니다. 하지만 이런 기업의 주식이 투자 관점에서 봤을 때에도 반드시 좋은 주식인 것은 아닙니다. 모두가 이러한 기업의 주식을 사려 할 가능성이 높고, 그렇기에 시장에서 너무 비싼 값에 거래되고 있을 수도 있기 때문이죠.

그렇다고 모든 주식이 그런 것은 아닙니다. 시장에선 수익성과 안정성, 성장성을 모두 겸비한 주식이 싼 값에 거래되기도 하고, 모든 것을 겸비하지 못한 주식이 비싸게 거래되기도 하니까요. 그렇기 때문에 실제 기업가치보다 싸게 거래되는 좋은 주식을 발견할 수 있다면 주식투자로 성공할 가능성이 매우 높아진다고 할 수 있습니다.

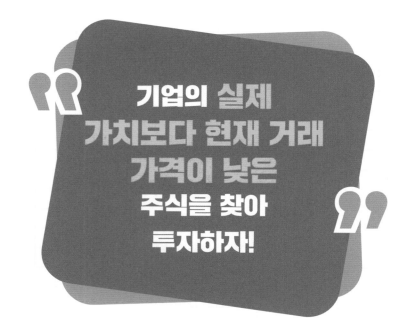

기업의 실제 가치보다 현재 거래 가격이 낮은 주식을 찾아 투자하자!

가령 수익성과 안정성, 성장성을 기반으로 A 회사의 주식을 분석해보니 주당 1만 원이 적정하다고 판단되었는데, 현재 시장에서 그 주식은 2만 원에 거래되고 있습니다. 실제 가치보다 가격이 높게 매겨져 있는 거죠. 그렇다면 이는 투자 관점에서 봤을 때 좋은 주식이 아닙니다. 반대로 A 회사의 현 주가가 5,000원이라면 실제 회사가치보다 낮으니 투자 관점에선 무척 좋은 주식이 되죠. 그래서 수익성과 안정성, 성장성을 모두 확인했다면 마지막으로 해당 기업의 주가가 적정한 수준인지를 확인해야 합니다.

이제부터는 낯선 용어들, 그리고 각 지표를 계산하는 공식들이 등장하기 때문에 초보 투자자인 여러분에겐 어려울 수 있습니다. 하지만 이 또한 걱정하지 않으셔도 됩니다. 해당 지표들은 대부분의 사이트에서 다 계산하여 제공되고 확인하기도 쉬우니까요. 그러니 우리에게 필요한 것은 각 지표가 의미하는 바를 이해하는 것입니다. 지표의 뜻만 알면 그걸 통해 그 주식이 투자할 만한 것인지, 또 사거나 팔아야 하는 가격대에 있는지를 알아내는 데 큰 어려움이 없거든요.

주식의 가격이 적정한 수준인지, 즉 가격적정성을 알아볼 수 있는 방법엔 여러 가지가 있지만 처음 주식투자를 시작하는 분들은 다음의 두 가지 방법을 가장 우선적으로 알아둬야 합니다. 첫 번째는 주당순이익(EPS)과 주가수익비율(PER)을 활용하는 방법이고, 두 번째는 주당순자산(BPS)과 주가순자산비율(PBR)을 활용하는 방법입니다.

다만 참고 삼아 말씀드리자면, 보다 깊이 있게 주식을 분석하고 싶을 땐 여러분 스스로 향후 예측되는 기업의 미래 예상 수익 등을 감안하여 예상 PER 등의 지표를 구할 수 있어야 합니다. 물론 이 예상지표 또한 대부분의 사이트에서 애널리스트 전망치를 기준으로 제공되고 있고요.

그럼 이제 가격적정성을 구하는 방법을 본격적으로 배워볼까요?

1) EPS와 PER로 가격적정성 판단하기

첫 번째는 해당 기업의 수익성과 성장성을 주가와 연계하여 평가하는 방법입니다. 이 방법을 쓰려면 우선 EPS와 PER의 개념부터 알고 넘어가야 겠죠?

EPS(Earning Per Share)는 주당순이익을 뜻하는 지표입니다. 해당 기업이 벌어들인 당기순이익을 그 기업이 발행한 총 주식수로 나눈 값이죠. 아래 공식에서 보는 바와 같이 EPS는 당기순이익 규모가 커질수록 높아집니다. 반대로 수익은 그대로인데 주식을 추가 발행해서 총 주식수가 많아지거나, 총 주식수는 그대로인데 순이익이 줄어들면 EPS가 낮아지겠죠.

EPS(주당순이익) = 당기순이익 ÷ 총 주식수

연간 1억 원의 순이익을 올리는 회사에 A씨가 투자를 했다고 가정해보겠습니다. 이 회사가 발행한 주식은 총 1만 주인데, 1,000주를 샀다면 A씨는 이 기업의 지분을 10% 들고 있는 것입니다. 연간순이익 1억 원을 총 주식수인 1만 주로 나누면 그 결과값, 즉 주당순이익은 1만 원입니다. A씨는 1,000주를 사들였으니 총 1,000만 원의 이익을 얻을 수 있는 것이죠.

이처럼 EPS는 주식 1주당 발생한 이익을 나타내는 지표이자 그 회사가 1년간 올린 수익에 대한 주주의 몫을 나타내는 지표에 해당합니다. 따라서 EPS가 높은 주식은 그 기업의 성과가 양호하다는 뜻이며, 그만큼 투자 가치가 높고 주가에 긍정적인 영향을 미칠 것이라고 해석할 수 있습니다.

다만 한 가지 기억해둬야 할 점이 있습니다. 현재 우리가 확인할 수 있는 EPS는 과거의 지표라는 점이죠.

투자는 기업의 미래를 보고 하는 것입니다. 따라서 해당 주식의 가격이 적정한지를 판단해보려면 그 기업의 과거 EPS를 기반으로 미래의 EPS(FWD EPS)를 예측해야 합니다. 가령 EPS가 2019년엔 1만 원이었지만 2020년 말엔 2만 원이 될 거라 예상된다면, 혹은 이익이 많이 감소하여 5,000원으로 내려갈 거라 예상된다면 해당 수치를 반영하여 계산하는 것이 합리적이란 뜻이죠. 그래서 그 기업에 대해 많이 알수록 예상하는 수치를 실제 수치에 근접시킬 수 있습니다.

하지만 주식투자에 처음 접근하는 초보자들은 해당 기업을 깊숙이 알기 어려운 것이 사실입니다. 그래서 우리가 앞서 보았던 애널리스트의 분석 리포트와 같은 전문가의 의견을 참고하여 종목을 선정하고 전문가들이 예측한 수치를 활용하는 거고요.

그럼 PER(Price Earning Ratio)은 무엇을 뜻하는 용어일까요? 주가수익비율이라고도 하는 PER은 사업에 투입한 내 자본의 원금을 회수하는 데 걸리는 기간을 뜻하고, 현 주가를 EPS로 나눠서 구합니다.

PER(주가수익비율) = 주가 ÷ EPS(주당순이익)

만약 어떤 회사의 EPS가 1만 원이고 1주당 주가가 10만 원이라면 PER은 10이 되는데요, 이는 자본회수 기간이 10년임을 뜻합니다. 10억 원을 투자하면 10년 후에 투자금을 전부 회수할 수 있다는 의미죠. 자본을 투입해서 사업을 하는 상황이라면 자본금을 빨리 회수하는 것과 늦게 회수하는 것 중 어느 쪽이 좋을까요? 당연히 빠른 쪽이 좋습니다. 따라서 PER 지표는 낮을수록 좋은 거랍니다.

다음 페이지의 이미지는 제가 증권사에서 고객과 상담할 때 늘 보여드리는 건데요, 이걸 보시면 지금 말씀드리는 사항을 이해하기가 좀 더 쉬울 것 같습니다.

	FWD EPS [실력]	PER [몸값]
Best [최고]	⬆	⬇
Better [괜찮은]	⬆	⬆
Not Bad [나쁘지 않은]	⬇	⬇
Worst [최악]	⬇	⬆

Best : 좋은 주식이면서 가격이 싼 주식

Better : 좋은 주식이지만 가격이 비싼 주식

Not Bad : 좋지 않은 주식인 만큼 가격이 싼 주식

Worst : 좋지 않은 주식임에도 가격이 비싼 주식

우리는 'Best'와 'Better'인 주식을 발굴하기 위해 부단히 노력해야 하고, 못해도 'Worst' 주식은 피해야 합니다. 재미있는 점은 'Better' 주식이더라도 가격적정성이 좋아지지 않으면 바로 'Worst' 주식이 될 수 있고, 'Not Bad' 주식이라도 가격적정성이 좋아지면 곧장 'Best' 주식이 될 수 있다는 점입니다. 그리고 가격적정성을 판단하는 데 필요한 두 가지 지표가 주가수익비율과 주가순자산비율, 즉 PER과 PBR이고요.

여러분의 직장이나 사업장 근처엔 즐겨 찾는 카페가 한 군데쯤 있을 텐데요. 그중 하나를 골라 '만약 내가 그 카페를 산다면 얼마에 살까?'라는 상상을 해보실까요? 얼마에 사시겠습니까? 아무런 정보가 없다면 결정을 할 수 없을 겁니다. '손님이 많고 장사도 잘되는 것 같으니 한 3억 원이면 되지 않을까?' 하는 식으로 생각하신다면 그건 투자가 아닌 투기가 됩니다. 투자와 투기는 비슷한 듯 보이지만 '가치를 측정하여 사면 투자, 가치를 측정할 수 없다면 투기!'라고 정의할 수 있겠습니다(주식이나 부동산과 관련해선 '투자'와 '투기'라는 단어가 병행하여 사용되지만 도박에는 '투자'라는 단어를 안 쓰죠. 도박은 가치측정이 되지 않으니까요).

잠깐 삼천포로 빠졌는데 다시 본론으로 돌아가겠습니다. 맘에 드는 그 카페의 순이익을 알아보니 약 1년에 1억 원 정도라고 하네요. 그럼 얼마에 살 수 있을까요? 3억 원을 지불하면 투자금 회수에 3년이 걸릴 테고, 4년차부터는 1억 원씩 벌 테니 정말 알짜투자가 되겠네요. 이때의 1억 원이 바로 주당순이익의 개념이랍니다.

만약 10억 원을 주고 산다면 투자금 회수 기간만도 10년인 데다 그 카페가 언제까지 잘될지도 장담할 수 없으니 그리 좋은 방법인 것 같지 않습니다. 하지만 현 주인이 3억 원은 너무 싸다며 팔지 않을 듯하고, 그럼 대략 5억 원 정도를 내면 살 수 있지 않을까요? 5년이면 원금도 회수할 수 있을 거고요. 이 개념이 바로 주가수익비율입니다.

앞서 언급했듯 EPS는 1주당 얼마의 이익을 내는지 나타내는 지표인데요, 이 지표를 제대로 해석하려면 EPS 금액과 주식 가격을 비교해봐야 합니다. 왜 비교해야 하는지에 대한 예를 들어볼게요. A 주식과 B 주식 모두 1주당 이익인 EPS가 동일하게 1,000원 발생했는데, A 주식의 주가는 1만 원인데 반해 B 주식은 10만 원입니다. 즉, 두 주식 모두 EPS는 동일하지만 A 주식은 1주당 10%의 이익을, B 주식은 1주당 1%의 이익을 낸 거죠.

이처럼 해당 주식을 제대로 평가하려면 EPS를 절대적 금액이 아닌 주가와 비교해야 하는데요, 이것이 곧 앞서 살펴본 PER이라는 개념입니다. 방금 예로 든 A 주식의 PER은 10, B 주식의 PER은 1,000이고요.

PER이 높다는 건 현재 해당 기업이 실제 돈을 버는 수준보다 높은 가격에서 주식이 거래되고 있다는 뜻입니다. 그렇다면 PER이 높은 주식일수록 향후 현재보다 더 큰 수익을 기록할 거라는 기대감이 더 많이 반영된 상황이겠죠. 따라서 A보다는 B 주식이 더 고평가된 상태라고 해석할 수 있습니다. 하지만 그 기대감이 현실화되지 않으면 주가가 크게 하락하기도 하죠. 그래서 PER이 높은 주식은 일반적으로 주가의 변동폭이 꽤 크게 나타납니다.

이상의 내용을 삼성전자와 관련된 실제 데이터와 함께 좀 더 구체적으로 살펴보겠습니다.

단위: 원, 배

구분	2014년 말	2015년 말	2016년 말	2017년 말	2018년 말	2019년 말
EPS	3,062	2,526	3,159	5,997	6,461	3,166
PER	8.7	10.0	11.4	8.5	6.0	17.63

역사적 가격저점!

역사적 가격고점!

위의 표는 과거 6년간 삼성전자의 데이터입니다. PER이 6.0~17.63 범위에서 형성되어왔음을 알 수 있죠. 2018년 말의 6.0은 역사적 가격저점 수준, 2019년 말의 17.63은 역사적 가격고점 수준에 해당합니다. 따라서 지금이 2019년 말이라면 삼성전자 주식은 매우 고평가된 시기이므로 매수하지 않는 편이 좋습니다. 추후 PER이 10 수준에 근접할 때, 다시 말해 삼성전자의 이익이 상향하거나 주가가 하락할 때 매수 시점을 타진해봐야 한다는 것이죠. 다만 PER에서 중요한 것은 현재가 아닌 미래의 이익이니 미래 이익전망치를 함께 살필 필요가 있고요(48페이지 '주식학 개론 2' 참조).

PER이 낮으면 해당 기업의 수익성이 주가에 덜 반영된 상황, 즉 저평가된 상황으로 해석할 수 있습니다. 반대로 PER이 높으면 해당 기업의 실제 수익성보다 더 많은 기대감이 주가에 반영된 고평가 상황이라고 볼 수 있죠. 이처럼 PER은 주식의 실제 가치와 주가를 비교하는 핵심 가격지표 중 하나라서 주식투자 시 반드시 살펴봐야 합니다.

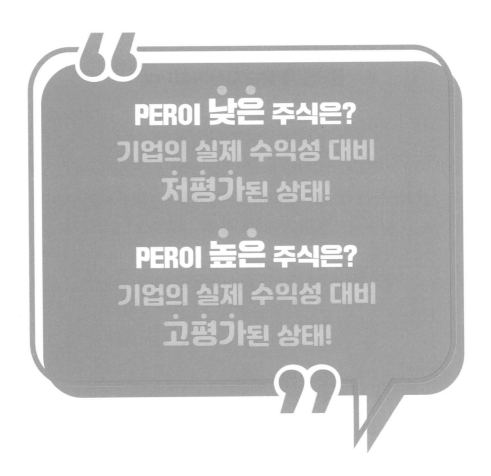

PER이 **낮은** 주식은?
기업의 실제 수익성 대비
저평가된 상태!

PER이 **높은** 주식은?
기업의 실제 수익성 대비
고평가된 상태!

2) BPS와 PBR로 가격적정성 판단하기

EPS와 PER은 기업의 수익성과 성장성을 주가와 연계하여 평가하는 방법이라고 앞에서 말씀드렸는데요, 그와 달리 BPS와 PBR은 해당 기업의 안정성을 주가와 연계하여 평가하는 방법입니다.

그럼 먼저 BPS와 PBR의 개념에 대해 알아볼게요. BPS(Bookvalue Per Share)는 '주당순자산가치'라는 뜻으로, 해당 기업의 순자산을 총 주식수로 나눈 값입니다.

BPS(주당순자산가치) = 순자산 ÷ 총 주식수

만약 어떤 기업이 사업을 중단하기로 결정했다면 그 시점에서 가지고 있는 자산을 모두 정리하게 되는데요, 이때의 자산을 전체 주주들에게 나눠줄 경우 1주당 얼마씩 배분되는지를 나타내는 지표가 BPS입니다. 즉, 주식 1주당 그 기업이 얼마의 자산을 보유하고 있는지를 나타내는 지표인 거죠. 그렇기에 BPS가 높을수록 안정성이 높은 기업이라고 할 수 있습니다.

PBR(Price Book-value Ratio)은 '주가순자산비율'이라는 뜻으로, 해당 기업의 현재 주가를 앞서 살펴본 BPS로 나눈 값입니다. 이렇게 하면 현재 그 기업의 주가가 주당순자산가치, 즉 BPS와 비교했을 때 어떤 수준으로 형성되어 있는지를 알 수 있죠.

PBR(주가순자산비율) = 주가 ÷ BPS(주당순자산가치)

이해를 돕기 위해 앞서 이야기했던 카페 이야기를 다시 해보겠습니다. 만약 그 카페가 영업을 중단하고 모든 자산을 청산하면 못해도 3억 원은 받을 수 있다고 가정해볼까요? 그럼 그 카페의 사장님은 누구에게든 3억 원 미만으로는 카페를 넘기려 하지 않을 겁니다. 그래서 여러분은 3억 원, 즉 카페의 실제 자산가치와 동일한 금액을 주고 카페를 매입했습니다. 이런 상황을 주식과 관련해선 다음과 같이 나타내볼 수 있습니다.

자산가치 3억 원 ⇨ 주당순자산가치(BPS)
매수가격 3억 원 ⇨ 주가
주가순자산비율(PBR) ⇨ 1 (3억 원 ÷ 3억 원)

정리하자면 PBR이 1이라는 건 현재 그 주식의 주가는 해당 기업이 현재 보유하고 있는 자산가치와 같다는 뜻입니다. 쉽게 말해 기업이 사업을 중단하고 보유 자산을 모두 정리할 경우, 주주들은 현재 주가만큼을 돌려받을 수 있다는 뜻인 거죠. 그렇기에 PER과 달리 PBR은 미래가치를 추정하지 않고 현재의 자산가치로 계산된다는 점도 덧붙여 기억해두시면 좋겠습니다.

그렇다면 PBR이 0.5인 상태, 즉 현재 주가는 1만 원인데 BPS가 2만 원인 상태에서 사업을 중단한다면 어떻게 될까요? 이 경우 주주들은 현재 주가의 2배를 돌려받을 수 있습니다. 다시 말해 PBR이 낮을수록 높은 안정성을 확보할 수 있다는 뜻이죠. 반대로 PBR이 2인 상태에서 사업을 중단한다면 그 기업으로부터는 현재 주가의 절반만 돌려받을 수 있다는 뜻이고요. 이상의 내용을 역시 과거 6년간 삼성전자가 기록한 지표들과 함께 좀 더 구체적으로 살펴보겠습니다.

단위: 원, 배

구분	2014년 말	2015년 말	2016년 말	2017년 말	2018년 말	2019년 말
BPS	30,160	32,097	36,443	42,895	49,444	32,528
PBR	0.9	0.8	1.0	1.2	0.8	1.49

가장 저평가되어 거래된 시기

가장 고평가되어 거래된 시기

표를 보면 삼성전자의 PBR은 6년간 0.8~1.49 사이였음을 알 수 있습니다. PBR이 1보다 낮으면 해당 기업의 자산가치가 주가에 덜 반영된 저평가 상황, 1보다 높으면 자산가치보다 더 많은 기대감이 주가에 반영된 고평가 상황이라고 앞서 말씀드렸던 것 기억하시죠? 이 데이터에 따르면 최근 6년간 삼성전자 주식이 자산가치 대비 가장 고평가되어 거래된 시기는 2019년 말, 가장 저평가되어 거래된 시기는 2015년 말과 2018년 말입니다. 그러니 0.8은 역사적 가격저점 수준, 1.49는 역사적 가격고점 수준이라 할 수 있고요.

이렇게 한 회사의 수익성과 성장성에 관련된 지표인 PER, 그리고 안정성에 관련된 지표인 PBR을 과거와 현재로 나눠 비교하면 그 회사 주식의 현재 주가가 적정 수준인지를 평가할 수 있습니다.
다만 기억해두셔야 할 것이 있습니다. 모든 주식은 반도체, 건설, 금융, IT 등의 특정 업종에 속해 있는데요, 업종마다 PER과 PBR의 편차가 서로 다릅니다. 따라서 개별 주식의 가격적정성을 판단할 때는 동종 업계 내 여타 기업들의 지표들과 비교해봐야 한답니다.

일례로 2019년 말 기준 삼성전자와 SK하이닉스 주식의 PBR을 단순 비교해보면 삼성전자는 1.49, SK하이닉스는 1.36입니다. 이것으로 해석해낼 수 있는 두 가지는 무엇일까요? 그렇습니다. 하나는 두 기업의 주식 모두 실제 기업 자산가치보다 고평가되어 있다는 점이죠. 다른 하나는 SK하이닉스가 고평가된 정도는 삼성전자의 경우보다 조금 낮다는 것, 따라서 상대적으로 안정성은 좀 더 높다는 점입니다.

이제 준비 운동을 어느 정도 마쳤으니 다음 챕터에서 실제로 주식 분석을 해보겠습니다.

삼성전자와 SK하이닉스 주식의 PBR 비교

단위: 배

삼성전자	SK하이닉스
1.49	1.36

(2019년 말 기준)

PBR이 1 미만이면
기업의 실제 자산가치보다
저평가된 주식!

PBR이 1을 초과하면
기업의 실제 자산가치보다
고평가된 주식!

INVESTMENT IN STOCKS

실제 주식 분석에 도전하기

앞서 우리는 네이버 주식이 2019년 11월에 한경컨센서스에서 관심종목으로 선정됐던 것을 본 바 있습니다. 그럼 네이버는 정말 투자하기에 좋은 종목일까요? '투자 방향과 관련하여 애널리스트들이 제시하는 의견은 좋은 참고사항이지만, 그럼에도 투자 결정은 우리 자신이 내려야 하니 우리가 직접 분석해보는 과정도 필요하다'고 말씀드린 것 기억하시죠?

그렇기에 여기에선 이번 장에서 배운 요소들을 바탕으로 2019년 12월을 기준으로 네이버의 투자 가치를 종합적으로 살펴보겠습니다. 분석에 필요한 여러 수치들은 컴퍼니가이드에 이미 나와 있으니 이를 활용해보죠.

1) 수익성 분석

단위: %, 억 원

IFRS(연결)	2015년 12월	2016년 12월	2017년 12월	2018년 12월	2019년 12월
수익성비율					
매출총이익률 ?➕	100.0	100.0	100.0	100.0	100.0
세전계속사업이익률 ?➕	25.3	28.1	25.6	19.9	13.2
영업이익률 ?➕	25.5	27.4	25.2	16.9	10.8
EBITD마진율 ?➕	30.3	31.5	29.6	21.5	18.3
ROA ?➕	13.3	14.1	10.7	7.0	3.6
ROE ?➕	26.5	26.2	18.5	13.0	10.6
ROIC ?➕	124.2	199.2	144.9	68.6	36.6

출처: 컴퍼니가이드

수익성 분석에 필요한 지표는 '수익성비율'에 있는 매출총이익률, 영업이익률, ROE 세 가지입니다. 그런데 네이버의 경우 매출총이익률은 전 기간에 걸쳐 100%입니다. 비제조업인 인터넷서비스 기업이라 제조원가가 들지 않기 때문에 수익구조상 이런 수치가 나올 수밖에 없거든요. 따라서 우리는 영업이익률과 ROE 두 가지만 살펴보기로 하겠습니다.

네이버의 영업이익률은 2015년부터 3년 동안 25% 수준으로 매우 높았는데 2018년 이후 수익성이 악화되어 2019년 12월 현재는 10.8% 수준으로 낮아져 있습니다. ROE도 10.6%에 불과하고요. 앞서 살펴본 '나는 코끼리 덤보' 리포트에서 언급한 대로 2분기까지 실적이 좋지 않았고, 마케팅비용 지출이 많았음을 확인할 수 있습니다.

2) 안정성 분석

단위: %, 억 원, 배

IFRS(연결)	2015년 12월	2016년 12월	2017년 12월	2018년 12월	2019년 12월
안정성비율					
유동비율 ❓➕	156.8	232.8	207.8	205.6	149.6
당좌비율 ❓➕	155.8	232.3	206.2	203.4	148.1
부채비율 ❓➕	93.3	54.3	51.2	66.1	89.1
유보율 ❓➕	19,205.4	29,938.4	35,907.9	39,562.9	43,599.2
순차입금비율 ❓➕	N/A	N/A	N/A	N/A	N/A
이자보상비율 ❓➕	144.6	181.5	2,073.9	68.7	20.4
자기자본비율 ❓➕	51.8	64.8	66.2	60.2	52.9

출처: 컴퍼니가이드

이제 네이버 주식의 '안정성비율' 항목에서 부채비율, 유동비율, 이자보상 비율을 살펴보죠. 네이버는 부채비율이 최근 5년간 100% 미만입니다. 재무구조가 건전하단 뜻이죠. 다만 2016년과 2017년엔 50% 수준이었는데 이후 그보다 다소 높아졌다는 점이 눈에 띄네요.

과거 200% 수준이었던 유동비율은 2019년 말 현재 150% 수준으로 내려왔는데 전체적인 건전성 측면에서는 큰 문제는 없어 보입니다. 더불어 이자보상비율은 20배 이상이니 네이버의 안정성은 그리 우려하지 않아도 될 것으로 판단됩니다.

3) 성장성 분석

단위: %, 억 원

IFRS(연결)	2015년 12월	2016년 12월	2017년 12월	2018년 12월	2019년 12월
성장성비율					
매출액증가율 ❓➕	18.0	23.6	16.3	19.4	18.0
판매비와관리비증가율 ❓➕	21.2	20.5	19.8	32.7	26.7
영업이익증가율 ❓➕	9.5	32.7	7.0	-20.1	-24.7
EBITDA증가율 ❓➕	9.3	28.3	9.5	-13.1	0.4
EPS증가율 ❓➕	14.2	44.5	3.2	-16.1	-10.1

출처: 컴퍼니가이드

'성장성비율' 항목에서도 세 가지(매출액증가율, 영업이익증가율, EPS증가율)만 살펴보겠습니다. 매출액증가율은 2016년 23.6%에서 2017년 이후 20% 미만으로 떨어졌으나 최근에도 18% 수준의 견고한 매출성장을 유지하고 있습니다.

다만 영업이익증가율과 EPS증가율은 2018년 이후 감소하고 있는데, 미래성장을 위한 마케팅비용이 큰 영향을 미치고 있는 것으로 판단됩니다. 앞서 살펴본 하나금융투자의 리포트에선 네이버의 매출액이 성장할 것이란 기대로 목표주가를 19만 원으로 제시했는데요, 이처럼 급격히 성장하는 기업을 분석할 때는 영업이익이나 EPS보다 매출액증가율에 좀 더 초점을 맞추곤 한답니다.

4) 가격적정성 분석

이번엔 컴퍼니가이드에서 '네이버'를 검색(영어 NAVER로 검색)하면 나오는 투자지표 내의 '주가관련 지표' 내용을 살펴보겠습니다.

네이버는 PER 기준으로 2015년에 29.37~50.27배, 2016년엔 24.49~39.65배, 2017년엔 30.75~41.0배, 2018년과 2019년엔 각각 27.05~48.33와 30.67~52.72배 수준의 가격대에서 주식이 거래되었습니다. 즉, 가장 비쌀 때는 주가가 이익 대비 50배 수준까지 상승했고, 가장 쌀 때는 25배 수준까지 하락했다는 뜻이죠.

주가관련 지표

단위: 억 원, 배

IFRS (연결)	2015년 12월		2016년 12월		2017년 12월		2018년 12월		2019년 12월	
	최고	최저	최고	최저	최고	최저	최고	최저	최고	최저
주가 (원)	158,224	92,431	180,256	111,358	192,273	144,205	190,270	106,500	186,500	108,500
시가 총액	260,405	152,123	296,664	183,273	316,442	237,331	313,145	175,526	307,377	178,823
PER	50.27	29.37	39.65	24.49	41.00	30.75	48.33	27.05	52.72	30.67
PBR	8.20	4.79	6.00	3.71	5.34	4.00	4.80	2.69	4.27	2.49

출처: 컴퍼니가이드

종합하자면, 2019년 말 현재 네이버의 전반적인 수익성은 여전히 양호하지만 2년 전부터 상대적으로 약해진 모습이긴 하네요. 그러나 안정성에는 큰 문제가 없어 보이고, 영업이익이나 순이익성장률도 과거 대비 둔화되었으나 매출성장은 여전히 견조함을 확인했습니다. 가격은 과거 대비 아주 낮진 않지만 그래도 평균 대비 다소 낮은 수준에 놓여 있고요. 그러므로 지금이 2019년 말이라면 이상의 지표들을 바탕으로 네이버 주식에 투자해도 괜찮을 것이라 판단할 수 있겠습니다. 현재 네이버를 관심종목에 넣고, 주가가 조정 국면을 보일 때마다 분할매수하는 접근법이 좋겠네요.

네이버의 가격적정성을 살펴보는 이상의 과정에서는 자산가치로 계산되는 PBR이 아닌, 수익가치로 계산되는 PER에 대한 이야기만 드렸습니다. 성장성이 떨어지는 주식을 분석하거나 주가의 바닥을 확인하는 과정에서는 PER보다 PBR이 중요한 판단기준을 제공합니다. 그러나 미래성장성이 뛰어난 기업의 경우엔 PBR보다 PER을 살펴봐야 합니다. 네이버의 경우 미래성장성이 매우 우수한 기업이기 때문에 가격적정성을 분석하기 위해 PER만을 살펴본 것입니다.

주식투자의 패러다임은 계속 변화합니다. 과거에는 자산가치와 수익가치를 고루 살폈다면, 현재는 자산가치보다 수익가치의 중요성이 보다 강조되고 있지요. 따라서 금융주나 자산주를 제외한 거의 모든 주식의 가격적정성을 분석할 땐 PER을 기준으로 확인해보실 것을 추천해드립니다.

이렇게 실제 분석까지 마쳤네요. 3장에서는 주식 매매 타이밍에 대해 알아보겠습니다.

2장의 핵심 내용 정리

1. [수익성] 내가 투자할 회사는 꾸준히 이익을 잘 낼 회사인가?

– 직전 3년 동안의 이익은 얼마인가?
– 3년 동안 이익의 규모는 꾸준한가?
– 관련 지표: 매출총이익률, 영업이익률, 자기자본이익률

2. [안정성] 내가 투자할 회사는 망하지 않을 회사인가?

– 부채는 어느 정도인가?
– 경쟁사로는 어떤 곳들이 있는가?
– 관련 지표: 부채비율, 이자비율, 이자보상비율

3. [성장성] 내가 투자할 회사는 꾸준히 성장할 수 있는 회사인가?

– 이익은 계속 늘어나고 있는가?
– 유망한 사업을 전개 중인가?
– 관련 지표: 매출액증가율, 영업이익증가율, 순이익증가율

4. [가격적정성] 좋은 기업이고 주식가격은 매력적인가?

– 주당순이익(EPS)과 주가수익비율(PER)로 살펴본 적정주가는 얼마인가?
– 주당순자산가치(BPS)와 주가순자산비율(PBR)로 살펴본 적정주가는 얼마인가?

주식학 개론 3

무릎에서 사고 어깨에서 팔아라

주식뿐 아니라 채권·부동산 등 모든 투자자산은 미래의 기대수익에 따라 가격이 결정됩니다. 지금보다는 미래가 더 중요하다는 뜻이죠.

수익형 부동산의 경우엔 공실이 없고 임대료가 꾸준히 오를 수 있을 때 가격이 상승합니다. 주식도 이와 비슷하죠. 꾸준히 수익을 올리는 기업, 또는 지금은 아니라도 미래에 그러할 것이라 기대되는 기업의 주식은 가격이 오를 겁니다. 지금의 수익성·안정성은 안 좋지만 앞으로의 성장성이 좋을 거라 기대하는 이들이 많아져도 그럴 테고요.

반대로 현재의 실적은 매우 좋지만 향후 실적이 줄어들 거라 우려하는 이가 많아지면 주가는 하락할 수도 있습니다. 실적이 뛰어날 것으로 기대되어 주가가 확 올랐던 기업이 만약 그 기대치를 밑도는 실적을 거둔다면 상승폭을 전부 반납함은 물론 그 밑으로 하락할 가능성도 높다는 점을 반드시 유념해야 합니다.

주식투자는 모름지기 싸게 사서 비싸게 팔아야 하는 행위입니다. 주가가 발바닥일 때 사서 정수리(머리)일 때 팔면 차익이 최대치일 테니 가장 좋겠죠.

하지만 현실에서는 현재의 주가가 발바닥에 있는지, 아니면 정수리인지 알 수 없습니다. 최고점과 최저점은 시간이 지나고 나서야 알 수 있는 것이라 최저점에 사서 최고점에 판다는 건 매우 어려운 일입니다. 최고점에 팔려고 기다렸지만 팔지 못해 다시 원점으로 돌아오거나, 최저점에 사려고 기다렸으나 주가가 더 이상 하락하지 않고 상승해버려 주식을 못 사는 경우도 많습니다.

그래서 증시 격언 중엔 '(발바닥이 아닌) 무릎에서 사고 (정수리가 아닌) 어깨에서 팔아야 한다'라는 게 있습니다. 그런데 이 책을 읽는 독자 여러분은 '오른쪽 무릎에서 사고 오른쪽 어깨에서 팔아야 한다'라는 말을 기억해주시면 좋겠습니다. 다음 그림을 보시면 그 이유가 이해되실 겁니다.

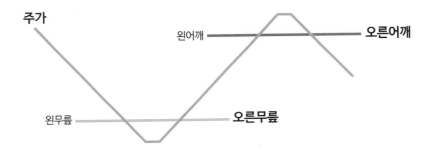

현실적으로 주식을 최저 주가일 때 사는 것은 어렵고, 최고 주가일 때 파는 것은 더더욱 어렵습니다. '오른쪽 무릎에서 사서 오른쪽 어깨에서 팔자'는 말은 주가가 바닥을 치고 어느 정도 상승하면, 즉 주가 상승을 견인하는 실적 상승 기대를 충분히 확인한 뒤 그 주식을 사야 한다는 뜻입니다. 반대로 현재 실적은 좋지만 주가가 정수리에서 어느 정도 하락하면 주가 하락을 견인하는 실적 우려를 충분히 확인한 뒤 그 주식을 팔아야 한다는 뜻이고요.

한마디로 '확인한 후에 사고 확인한 후에 팔자'는 겁니다. 우리에게 가장 중요한 것은 '잃지 않는 투자'니까요.

WHEN

언제
사고팔아야
할까?

PART 3

지금까지 우리가 주식투자를 해야 하는 이유 및

유의해야 할 점을 설명했고

주식을 고를 때에는 실생활와 전문가들의 관심사를

함께 살펴야 한다고 말씀드렸습니다.

이어 주식을 사거나 팔기 전

해당 주식의 수익성과 안정성,

성장성과 더불어 가격적정성을 분석하는

방법까지 알아보았죠.

자, 이상의 내용이 개념적인 접근이었다면

이제부터 배워볼 3장의 내용은

실전에 가깝습니다.

주식을 사거나 파는 시점을 결정할 땐

과연 무엇을 기준으로 삼아야 할까요?

일단 여기에선 '성장성' 및 '가격적정성'과

관계 있다는 힌트만 드릴 테니

계속 읽어보시죠. ^^

INVESTMENT IN STOCKS

'밴드차트', 왜 알아야 하나요?

CHAPTER 10

주식을 언제 사고팔아야 할 것인가에 대해 답을 제시해줄 수 있는 차트가 있습니다. 바로 밴드차트인데요, 다섯 개의 선, 즉 밴드로 이루어진 차트라 이런 이름이 붙었답니다. 지금부터 이 밴드차트는 여러분께 주식을 매매하는 타이밍을 알려주는 마법의 차트가 될 것입니다.

앞서 우리는 PER과 PBR의 개념 및 그 중요성을 알아보았는데요, 밴드차트에는 PER과 PBR 그리고 현재 주가 수준 모두가 담겨 있습니다. 그리고 지금까지 가장 높았던 PER과 PBR, 가장 낮았던 PER과 PBR도 알아볼 수 있어 현재 주가가 주식 시장에서 어느 수준으로 평가되어 거래되고 있는지도 확인시켜주죠. 즉, 해당 주식의 가치가 실제 그 기업이 갖는 가치보다 고평가되어 있는 상태인지, 혹은 저평가되어 있는지를 알려주는 것이 PER 밴드차트와 PBR 밴드차트인 것입니다. 물론 적정 수준에서 주가가 형성되어 있는가의 여부도 판단할 수 있고요.

다음 페이지에 이 두 밴드차트의 예가 나와 있습니다. 위에 있는 것이 기업의 수익가치 대비 주식의 가격적정성을 보여주는 PER 밴드차트입니다. 아래에 있는 PBR 밴드차트는 기업의 자산가치 대비 주식의 가격적정성을 보여주죠(이후 등장하는 모든 밴드차트들의 출처는 컴퍼니가이드입니다).

그런데 이 밴드차트들에는 우리가 어렸을 적 음악 공책에서 봤던 오선지 같은 다섯 개의 선이 그려져 있습니다. 이 선들이 무엇을 뜻하는지 궁금하실 듯하니 설명해드리겠습니다.

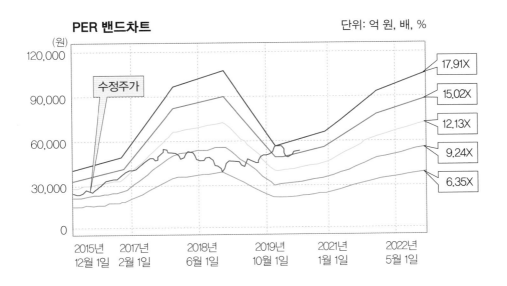

PER 밴드차트

단위: 억 원, 배, %

(원)

120,000

90,000

60,000

30,000

0

수정주가

17.91X
15.02X
12.13X
9.24X
6.35X

2015년
12월 1일

2017년
2월 1일

2018년
6월 1일

2019년
10월 1일

2021년
1월 1일

2022년
5월 1일

PBR 밴드차트

단위: 억 원, 배, %

(원)

100,000

80,000

60,000

40,000

20,000

수정주가

1.98X
1.72X
1.46X
1.19X
0.93X

2015년
12월 1일

2017년
2월 1일

2018년
6월 1일

2019년
10월 1일

2021년
1월 1일

2022년
5월 1일

가장 상단의 선(보라색)은 해당 기업의 PER이 직전 5년간 가장 높았던 수치를, 가장 하단에 있는 하늘색 선은 직전 5년간 가장 낮았던 PER을 표시합니다. 그리고 위에서 두 번째에 있는 빨간 선은 최고점과 최저점의 75%, 즉 상위 25% 수준의 PER을 나타내며, 가운데의 노란선은 최고점과 최저점의 50%, 밑에서 두 번째의 녹색 선은 최고점과 최저점의 25%, 즉 하위 25%의 PER을 보여주죠.

그런데 선 하나가 더 있네요. 다섯 개의 선이 비슷한 움직임을 보이고 있는데 반해 이와 전혀 상관없이 홀로 독자노선을 걷고 있는 파란 선이 보이시나요? 그것이 그 종목의 현재 주가를 나타내는 주가 표시선입니다. 이 선이 실제로 나타내는 것은 '수정주가'지만 여기에선 일단 이렇게만 언급하고 넘어가겠습니다. 이 선과 관련된 내용은 뒤에서 설명할게요.

이러한 밴드차트들을 살펴보는 데는 세 가지 장점이 있습니다.

첫째, 단순히 주가 추이뿐 아니라 해당 기업의 재무제표상에 나타나는 이익 등이 반영된 PER과 PBR 지표를 최고·최저 수치와 함께 확인할 수 있다는 점입니다.

둘째, 주가의 고평가 혹은 저평가 상황을 직관적으로 파악할 수 있습니다. 이를 위해선 주가 표시선이 밴드차트에 있는 다섯 개의 선 중 어떤 것에 근접해 있는지를 살펴보면 됩니다. 주가 표시선의 끝자락이 다섯 개 선들 중 위쪽의 것과 가깝다면 이는 해당 주식이 현재 고평가된 상태임을 뜻합니다. 만약 주가 표시선의 끝자락이 다섯 개 선 중 아래쪽 것과 가깝다면 무엇을 의미할까요? 그렇습니다. 그 주식이 현재 저평가된 상태란 뜻이에요.

셋째, 향후 주가흐름에 대한 예측이 가능해집니다. 밴드차트에는 증권전문가들의 컨센서스가 반영되어 있기 때문에 기업이 성장 중인지의 여부를 우리가 비교적 쉽게 예상할 수 있다는 뜻이죠.

주식 매매 타이밍을 가늠할 때 이 두 밴드차트, 특히 PER 밴드차트는 큰 도움이 됩니다. 중요한 내용이니 다음 챕터에서 보다 자세히 살펴보죠.

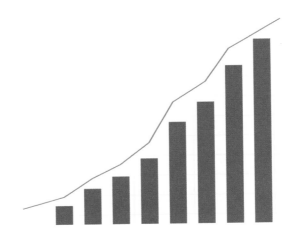

INVESTMENT IN STOCKS

PER 밴드차트로 매매 타이밍 가늠하기

지금부터 주식의 매수 혹은 매도 시 PER 밴드차트를 어떻게 참고하면 좋을지 알아보겠습니다. 컴퍼니가이드에서 삼성전자를 검색한 뒤 스크롤을 쭉 밑으로 내리면 오색 밴드가 그려진 차트 두 개가 등장합니다(2020년 6월 기준).

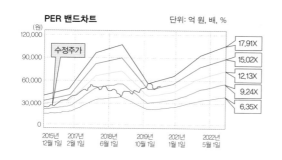

어딘가 익숙해 보이지 않나요? 맞습니다. 앞서 살펴봤던 두 밴드차트는 삼성전자의 것이었습니다. 지금부터는 삼성전자를 포함, 우리나라 주식 시장에 상장되어 있는 대표 기업들의 밴드차트를 좀 더 꼼꼼히 살펴보면서 설명 드리겠습니다. 우선 삼성전자의 PER 밴드차트부터 보시죠.

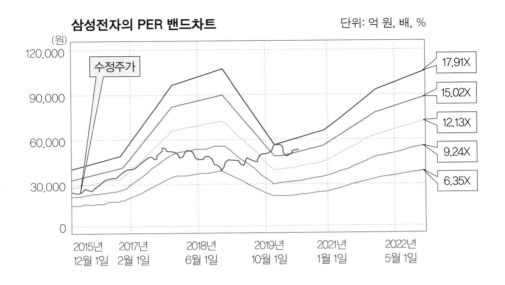

삼성전자의 PER 밴드차트   단위: 억 원, 배, %

(원)
120,000

수정주가

90,000

60,000

30,000

0

2015년 2017년 2018년 2019년 2021년 2022년
12월 1일 2월 1일 6월 1일 10월 1일 1월 1일 5월 1일

17.91X
15.02X
12.13X
9.24X
6.35X

이 PER 밴드차트에 그려진 다섯 개의 밴드 중 가장 상단의 선(보라색)은 PER 17.91배를 표시하고 있습니다. 이는 최근 5년간 삼성전자가 기록한 가장 높은 PER 수치입니다. 가장 하단에 있는 하늘색 선은 PER 6.35배를 표시하는데, 이건 최근 5년간 삼성전자가 기록한 가장 낮은 PER 수치고요. 위에서 두 번째에 위치하는 빨간 선은 최고 PER과 최저 PER의 75% 수준인 15.02배, 노란 선은 50% 수준인 12.13배, 연두색 선은 25% 수준인 9.24배를 나타냅니다.

2장에서 우리는 가격적정성을 판단할 때 지난 5년 동안 삼성전자의 PER이 6.35배와 17.91배 수준 사이에서 움직였다는 점을 보았습니다. 즉, 컴퍼니가이드에서 보았던 직전 5년간의 최고점의 PER과 최저점의 PER이 밴드차트에도 표현이 되는 것이죠(이건 뒤에 말씀드릴 PBR 밴드차트에서도 마찬가지입니다). 그리고 이 차트에 나타난 삼성전자의 주가 표시선 끝자락은 최상단(100%), 상단(75%), 평균(50%), 하단(25%), 최하단(0%) 선들 중 상단 구간에 위치하고 있네요. 주가가 다소 높아 보이지 않나요?

여기서 한 가지 설명 드릴 것이 있습니다. 앞에 잠시 나왔던 '수정주가'라는 것에 대해서 말이죠.

기업은 수익이 나면 주주에게 이익을 환원하기 위해 배당을 실시합니다. 배당이 발생한다는 것은 기업의 돈이 주주들에게 나갔다는 걸 뜻하죠? 때문에 이런 사항이 반영되어 주가는 그만큼 하락하게 됩니다. 이것을 '배당락'이라고 해요. 배당뿐 아니라 유상증자나 무상증자, 액면분할/병합 등 이슈가 발생해도 기업의 주가에는 조정이 발생하는데요, 이를 보정한 주가가 바로 수정주가입니다.

삼성전자는 지난 2년 전 50분의 1로 액면분할을 했습니다. 액면분할 전 삼성전자 주식의 1주당 가격은 300만 원이 넘었지만, 2020년 상반기 현재는 5만 원 수준이죠. 이런 식의 조정이 어떤 계기로 발생하면 그 계기 이전과 이후의 주가를 숫자로만 비교하는 데는 불편함이 따릅니다. 단순히 가격만으로 본다면 변화의 추이를 파악하기 어렵거든요. 이런 점들을 반영하여 수정한 것이 바로 '수정주가'랍니다. 주식투자를 위한 분석 자료들에서 단순히 어떤 주식의 현재 거래 가격 대신 수정주가로 표시하는 이유가 이 것입니다.

그런데 152페이지의 두 밴드차트를 살펴보다 보면 한 가지 이상한 점이 눈에 띕니다. PER 밴드차트와 PBR 밴드차트에서 표현되는 수정주가의 시작 위치가 서로 달라 보이지 않나요? PER 밴드차트에 나타난 수정주가의 시작 위치는 0~30,000원 사이인 반면 PBR 밴드차트에선 20,000~40,000원 사이네요. 그럼 이 두 차트에서 말하는 수정주가는 서로 다른 걸까요? 아닙니다. 동일한 기업에 대한 수정주가니 같을 수밖에 없죠.

그렇다면 왜 이렇게 다르게 보이도록 표현할까요? 이유는 단순합니다. 보다 쉬운 해석을 위해서죠. PBR 밴드는 0~100,000원 사이에서 표현되고 있는데 PER 밴드의 경우엔 상단이 100,000원을 초과해 있는 상태입니다. 두 차트의 세로축에 있는 금액 범위를 0~100,000원으로 동일하게 설정하면 PER 밴드를 제대로 표현하지 못하게 되는 것이죠. 그럼 PER 밴드의 금액 범위인 0~120,000원에 PBR 밴드를 맞추면 어떻게 될까요? 각 금액들 사이의 구간이 줄어들면 그만큼 밴드들이 벌어져 있는 간격도 좁아져 자칫 해석이 어려워질 수 있습니다. 이를 미연에 방지하기 위해 차트별로 금액 범위를 다르게 나타내고, 그에 따라 수정주가를 표시하는 선의 모양도 다소 달라지는 것이라고 생각하시면 되겠습니다.

다시 PER 밴드차트 이야기로 돌아오죠. PER 밴드차트에서 수정주가 선의 오른쪽 끄트머리, 즉 현재 주가가 다섯 개 선 중 최상단의 것 가까이에 있다면 이는 '지금 주가는 지난 5년 동안 중 가장 비싼 수준'이라고, 또 최하단의 선 가까이에 있다면 가장 싼 수준이라고 해석할 수 있습니다.

이 차트의 비밀이 뭔지 아시겠나요? 아직인가요? 그럼 한 가지 더 설명해드릴게요. '현 주가가 어느 수준에 위치하는가'와 더불어 밴드차트에서 봐야 할 중요한 사항은 'PER 밴드가 어떤 방향을 향하고 있는가'입니다.

만약 어떤 회사의 PER 밴드가 삼성전자의 경우처럼 우상향하고 있다면 '이 회사 주식은 수익성장성이 매우 좋다'고, 반면 삼성전자와 같이 우상향하지 않는다면 '이 회사 주식의 수익성장성은 별 볼 일 없다'고 해석하면 되겠습니다.

> ## PER 밴드차트에서 확인해야 할 두 가지!
> ❶ 현재 주가가 다섯 개의 PER 밴드 중 어느 것과 가까운가?
> ❷ PER 밴드가 어떤 방향을 향하는가?

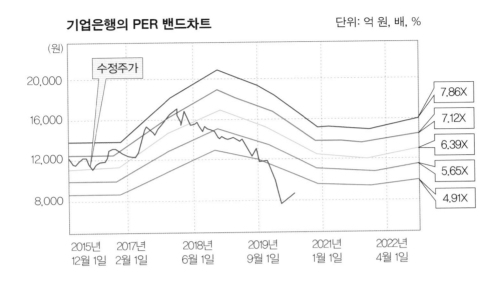

기업은행의 PER 밴드차트 단위: 억 원, 배, %

(원)

수정주가

20,000

16,000

12,000

8,000

7.86X
7.12X
6.39X
5.65X
4.91X

2015년
12월 1일

2017년
2월 1일

2018년
6월 1일

2019년
9월 1일

2021년
1월 1일

2022년
4월 1일

이것은 기업은행의 PER 밴드차트입니다. 밴드의 움직임을 보니 2019년 초까지는 상향했지만 그 뒤 수익은 오히려 축소될 것으로, 2021년 이후에도 소폭 증가에 그칠 주식으로 해석되네요. 자, 그럼 이 주식은 투자 가치가 있는 주식일까요, 아닐까요?

'주식은 미래의 꿈을 먹고 산다'는 말이 있다고 앞에서 말씀드렸습니다. 미래에 성장성이 높은 주식들은 그만큼 많은 관심을 받고, 그 관심은 투자로 이어지기 때문입니다. 해당 주식을 사는 사람이 많아진다면 그만큼 주가도 오를 수밖에 없는 것이고요.

하지만 미래수익의 성장성이 이전보다 축소되거나 소폭 증가에 그칠 것으로 예상된다면 해당 주식의 가격은 현재의 제 가치대로 거래되지 못할 가능성이 매우 높습니다. 투자자들의 관심에서 벗어나면 사는 사람보다는 파는 사람이 많아질 가능성이 높고, 그에 따라 주가는 하락하는 수순을 밟게 되니까요.

앞 페이지의 PER 밴드차트를 보면 기업은행의 주가는 지난 5년 평균에 비춰봤을 때 기존의 최하단 수준보다 더 떨어진, 극심히 저평가된 상태라는 판단이 가능합니다. '저평가되었다'라는 표현은 어떻게 보면 '실제 가치에 비해 현재 가격이 매우 낮게 형성되어 있는 주식이니 매수하는 편이 좋다'로 해석될 수도 있습니다. 하지만 향후 성장성이 기대되지 않는다면 현재 저평가된 주식이라 해도 그 가치는 장기간 상승하지 못할 가능성이 높습니다. 따라서 이 경우처럼 PER 밴드가 정체되거나 우하향하는 주식보다는 상향하는 주식, 즉 미래수익의 성장성이 기대되는 주식에 선택과 집중을 할 필요가 있겠습니다.

지금까지의 내용을 정리해보면 ❶ PER 밴드가 상향하는 주식이 좋고, ❷ 상향하는 밴드상에서의 수정주가 위치는 하단일수록 좋으며, ❸ 밴드를 벗어나는, 즉 수익가치를 반영하지 못하는 주식은 피해야 한다로 요약할 수 있겠습니다.

	FWD EPS [실력]	PER [몸값]
Best [최고]	↑	↓
Better [괜찮은]	↑	↑
Not bad [나쁘지 않은]	↓	↓
Worst [최악]	↓	↑

Best : 좋은 주식이면서 가격이 싼 주식

Better : 좋은 주식이지만 가격이 비싼 주식

Not Bad : 좋지 않은 주식인 만큼 가격이 싼 주식

Worst : 좋지 않은 주식임에도 가격이 비싼 주식

앞서 등장했던 이 이미지가 기억나시나요? 이것을 밴드차트와 연결지어 생각해보겠습니다.

이 그림에서 '실력'이라고 표현한 FWD EPS, 즉 '미래에 예상되는 주당 순이익'이 상향하면 PER 밴드도 우상향하는 움직임을 보입니다. 반대로 FWD EPS가 하향하면 PER 밴드도 우하향하죠.

또 이 그림에서 말하는 PER, 즉 '몸값'의 높고 낮음에 대한 판단은 밴드차트에서 수정주가가 어느 부분에 위치에 있는지와 맞물립니다. 수정주가가 PER 밴드들의 상단에 위치해 있다면 현재 그 주식은 고평가되어 있다고, 하단에 위치해 있다면 저평가되어 있다고 보면 되죠.

이것이 곧 '투자하기에 좋은 주식인가의 여부를 PER 밴드차트로 판별하는 법'이 되겠습니다. 한눈에 이해하시기 쉽도록 다음 페이지에 정리했으니 머릿속에 꼭 담아두세요. ^^

좋은 주식?
PER 밴드차트로 알 수 있어!

① **최고의 주식**: PER 밴드가 **상향**하고 수정주가는 **낮게** 위치하는 주식

② **괜찮은 주식**: PER 밴드가 **상향**하고 수정주가는 **높이** 위치하는 주식

③ **나쁘지 않은 주식**: PER 밴드가 **하향**하고 수정주가는 **낮게** 위치하는 주식

④ **최악의 주식**: PER 밴드가 **하향**하고 수정주가는 **높이** 위치하는 주식

INVESTMENT IN STOCKS

PBR 밴드차트는 어떻게 활용할까?

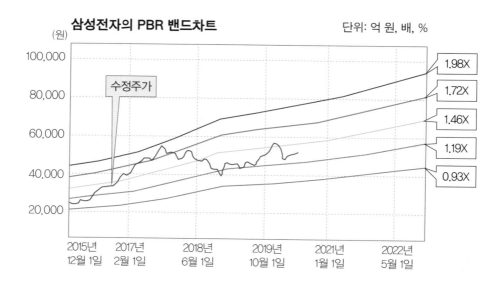

CHAPTER 12

삼성전자의 PBR 밴드차트

단위: 억 원, 배, %

(원)

수정주가

1.98X
1.72X
1.46X
1.19X
0.93X

100,000
80,000
60,000
40,000
20,000

2015년
12월 1일

2017년
2월 1일

2018년
6월 1일

2019년
10월 1일

2021년
1월 1일

2022년
5월 1일

이제 PBR 밴드차트에 대해 알아볼 차례입니다. 앞서 잠시 나왔던 삼성전자의 경우를 볼까요?

최상단의 보라색 선은 PBR 1.98배를, 최하단의 하늘색 선은 PBR 0.93배를 표시하고 있습니다. 각각 최근 5년간 삼성전자가 기록한 가장 높은, 또 가장 낮은 PBR 수치죠. PER 밴드차트에서와 마찬가지로 이 두 수치 사이의 구간은 빨간색(75%), 노란색(50%), 연두색(25%) 선으로 나뉘어 표시됐고요.

현재 수정주가는 PBR 25%선과 50%선 중간 즈음에 위치하고 있습니다. 즉, 이 시점에서 삼성전자의 주가는 자산가치 대비 비싸게 고평가된 상태

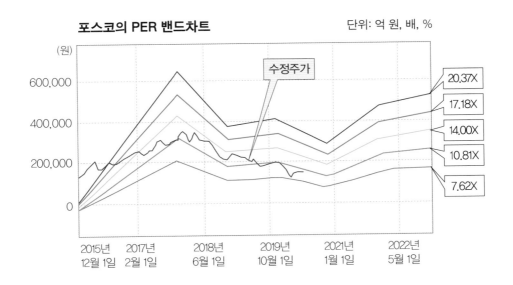

포스코의 PER 밴드차트

단위: 억 원, 배, %

(원)

600,000

400,000

200,000

0

수정주가

20.37X
17.18X
14.00X
10.81X
7.62X

2015년   2017년   2018년   2019년   2021년   2022년
12월 1일   2월 1일   6월 1일   10월 1일   1월 1일   5월 1일

포스코의 PBR 밴드차트

단위: 억 원, 배, %

(원) 480,000

400,000

320,000

240,000

160,000

수정주가

0.77X
0.66X
0.54X
0.43X
0.31X

2015년   2017년   2018년   2019년   2021년   2022년
12월 1일   2월 1일   6월 1일   10월 1일   1월 1일   5월 1일

가 아니라고 판단할 수 있죠.

앞 페이지에 나와 있는 것은 포스코의 PER 및 PBR 밴드차트입니다. 우선 PER 밴드차트를 보니 현재 시점인 2020년에 내려가는 구간이 보이네요. 2021년 이후에는 상향 움직임이 예상되지만 수익성장성이 높다고 보긴 어려운 상태입니다. 이를 반영하듯 포스코의 주가 역시 장기간 하락 추세에 있는데, 과연 언제까지 이 하락세가 이어질지 궁금합니다.

이럴 때 필요한 것이 바로 PBR 밴드차트입니다. 이 차트를 보니 포스코의 PBR은 지난 5년간 0.31~0.77배 사이에서 움직였습니다(최상단 0.77배, 상단 0.66배, 평균 0.54배, 하단 0.43배, 최하단 0.31배). 그런데 2018년 6월 무렵 이후부터 마냥 하락하던 주가가 2020년 3월에 PBR 밴드의 최하단선을 터치한 후 반등한 것이 보이시나요? 다시 말해 PBR 밴드차트 최하단의 선은 주가가 더 하락하지 않도록 받쳐주는 지지선 역할을 하고 있음을 볼 수 있습니다. '주가가 하락 중에 있어도 지지선 근처에서 다시 반등할 가능성이 높을 수 있다'는 뜻이죠. 이와 같이 PBR 밴드차트는 주가의 상승 가능성보다는 주가가 하락세에 있을 경우 어디까지 하락하고 또 반등할 것인지 예측하려 할 때 유용하게 활용될 수 있는 차트입니다.

어떤가요? 포스코의 PBR 밴드를 보니 포스코 주식을 막 사들이고 싶다는 유혹에 휩싸이지 않으시나요? 향후 포스코의 주가가 오를지 내릴지는 지나봐야 알겠지만 2019년 말의 시점에서 투자 여부를 판단한다면 저는 포스코 주식에 투자하지 않을 것 같습니다. 왜일까요?

투자를 할 땐 그 주식의 미래가치를 현재의 가격으로 평가해보는 것이 매우 중요합니다. 이를 전문용어로 프라이싱(Pricing, 현재가격화)이라고 하는데요, 이 프라이싱에는 미래성장성이 매우 중요하게 반영됩니다.

만약 포스코의 PER 밴드가 삼성전자의 경우와 같이 상승 중인 상황에서 PBR 밴드차트상의 현 주가가 최하단에 위치해 있다면 투자하기에 매우 매력적이겠죠. 하지만 2020년 6월 현재 포스코의 PER 밴드는 2021년까지 하향하는 모습을 보이고 있습니다. 그리고 이후에 다시 상승으로 전환하는데 그 폭이 삼성전자의 경우에 비해 크지 않네요. 이는 포스코의 미래성장성이 그리 높지 않음을 나타냅니다. 즉, 앞서 살펴본 같은 시점의 삼성전자와 비교하면 포스코의 성장성 전망이 상대적으로 낮기 때문에, 둘 중 하나만 투자처로 선택해야 한다면 저는 포스코보다는 삼성전자를 선택하겠다고 말씀드린 것입니다.

'하락하지 않는다'는 말과 '상승한다'는 말의 의미는 엄연히 다릅니다. 우리가 투자하려는 주식은 '앞으로 주가가 상승할 주식'인 것이 당연하겠죠? 따라서 PBR 밴드는 하락하는 주식의 바닥을 확인하는 목적으로,

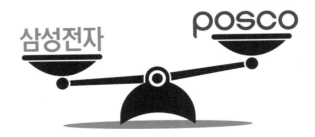

PER 밴드는 상승하는 주식의 추가 상승 여력을 확인할 때 활용하는 것이 좋습니다.

제가 증권사에서 만난 고객들은 '성장이 유망하여 비싼 주식'보다 '성장이 더디지만 싼 주식'을 더 선호하곤 합니다. 하지만 '싼 게 비지떡'이라는 말 아시죠? 주식 시장에는 이 가치가 아주 냉정하게 적용되는 경향이 있습니다. 그렇기에 가급적 자산가치(PBR)보다 수익가치(PER)에 집중하고, 자산가치는 보조지표로 활용하기를 권해드립니다. 즉, 주식 매매 시점을 가늠할 때 PBR 밴드차트는 PER 밴드차트의 보조자료로 활용하시라는 뜻입니다.

다만 일부 케이스에서는 PBR 밴드가 중요할 수 있습니다. 바로 금융회사(은행, 증권, 보험) 종목을 칭하는 금융주의 경우가 그렇지요. 금융회사는 고객으로부터 예탁받은 자산을 운용해 수익을 창출합니다. 고객의 자산으로 주식을 사고팔거나 펀드를 매수하는 등의 과정에서 발생하는 수수료와 보수가 금융회사의 수익이 되지요. 또 예탁받은 자산의 운용을 통해 수익이 발생할 수도 있고요.

이처럼 금융주는 자산가치가 수익가치로 연결되기 때문에 금융회사 주식을 분석할 때는 PBR 밴드가 매우 유용하게 활용됩니다. 다음의 밴드차트를 한번 보실까요? 실제 금융주인 미래에셋대우의 주식은 PBR 기준 매우 저평가되어 있음을 확인할 수 있습니다.

미래에셋대우의 PER 밴드차트

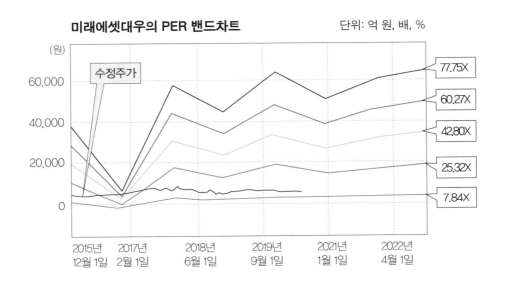

단위: 억 원, 배, %

미래에셋대우의 PBR 밴드차트

단위: 억 원, 배, %

이처럼 PER 및 PBR 밴드차트에 기반한 분석은 기업의 과거와 현재의 수익이나 자산가치 대비 주가 흐름을 살피고, 그것을 바탕으로 향후 그 기업이 가질 수익이나 자산가치 및 주가 흐름을 전망하는 데 활용됩니다. 즉, 과거의 기록과 현재의 평가는 물론 미래에 대한 전망까지 망라한 분석 기법인 것이죠. 그리고 앞으로 주가가 어떻게 움직일지 예상할 수 있다면 해당 주식에 대한 매수 혹은 매도 결정을 내리는 데도 큰 도움이 될 겁니다. 이것이 우리가 주식의 매매 타이밍을 가늠하기 위해 밴드차트들을 살펴보는 이유고요.

그런데 참고로 이 분석 방법을 적용할 수 없는 예외 케이스가 있다는 점도 알려드리고 싶습니다. 어떤 경우인지를 기업은행의 예에서 살펴보기로 하죠.

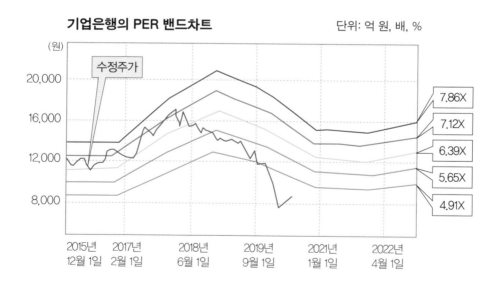

기업은행의 PER 밴드차트   단위: 억 원, 배, %

앞서 우리는 기업은행의 PER 밴드차트를 접한 바 있습니다. 수정주가선이 PER 밴드의 최하단 선을 뚫고 크게 내려와 있는 점을 확인했었죠. 즉, PER을 기준으로 보면 기업은행의 주가는 과거의 흐름에서 완전히 벗어나 있는 상태였습니다. 그럼 같은 시점에서의 기업은행 PBR 밴드차트는 어떤 모습을 띠고 있을까요?

이 차트를 보면 최상단선은 0.57배, 상단선이 0.52배, 평균선이 0.46배, 하단선이 0.41배, 최하단선이 0.35배입니다. 사실 가장 높았던 때조차도 PBR은 1배에 못 미쳤죠. 게다가 지금은 주가가 PBR의 최저점 아래로 하락해 있는 상황입니다. 기업은행은 금융회사이기 때문에 자산가치가 꾸준히 증가한다면 추

후 수익가치가 상승할 가능성이 있다고 전망해볼 수도 있습니다.

그런데 PBR 밴드를 보면 점진적으로 상향하고 있긴 하나, 주가는 2018년 5월 PBR 밴드의 상단에서 점차 하락할 뿐 아니라 이후에는 최하단을 벗어났습니다. PER 밴드차트에서 보였던 현상이 여기에서도 나타났네요. 일반적인 주식이라면 밴드차트의 상단과 하단 사이에서 주가가 움직이는데 기업은행 주식의 경우엔 그 흐름을 완전히 벗어나버린 것입니다.

이렇듯 주가가 자산가치와 수익가치 대비 전혀 평가받지 못하고 있을 경우엔 합리적인 주식 분석이 불가능합니다. 대개 사이즈(시가총액)가 매우 작은 주식, 적자 발생 등으로 수익성이나 성장성 및 안정성이 떨어지는 주식, 애널리스트 등의 전문가 집단이 전혀 관심을 갖지 않는 소외된 주식의 경우 이런 현상이 일어나죠. 그리고 이런 주식의 밴드차트들에선 주가가 PER 및 PBR 밴드의 최상단과 최하단을 현저히 벗어나거나, 아예 밴드가 끊어져버리는 모습이 나타납니다. 다음 페이지의 차트들에서처럼 말입니다.

말하자면 이런 종목들은 투자 가치가 매우 낮은 상태에 있기 때문에 설사 여러분이 관심종목 리스트에 넣었던 것이라도 과감히 제외할 필요가 있는 주식들인 셈입니다. 이런 판단을 용이하게 내릴 수 있다는 점 역시 PER 밴드차트와 PBR 밴드차트로 주식을 분석할 수 있을 때 얻는 장점이라 하겠습니다.

이번 챕터, 다소 어려우셨겠죠? 하지만 주식 매매 타이밍과 관련된 매우 중요한 내용이니 다음 챕터로 넘어가기 전에 충분히 반복해서 읽고 이해해보시길 바랍니다.

INVESTMENT IN STOCKS

밴드차트로 알아보는 매수·매도 타이밍

CHAPTER 13

여러분의 단기 기억력을 테스트해보겠습니다. 바로 앞 챕터에서 제가 '자산가치(PBR)보다 수익가치(PER), 즉 성장이 유망한 주식이 주식 시장에선 인기가 더 많고, 그렇기에 PBR 밴드차트는 보조 지표로 활용하는 편이 좋다'고 말씀드린 것 기억나시죠? 혹시 고개가 갸우뚱해지는 분들이 계시다면 지금 바로 앞부분을 다시 한 번 읽고 오시길 권합니다.

이제 이번 챕터에서는 PER 밴드차트를 참고하여 주식의 매수·매도 타이밍을 언제로 잡는 것이 좋을지 알아보겠습니다. 이를 위해 먼저 살펴봐야 할 부분은 'PER 밴드가 어떤 모습을 띠고 있는가'입니다. '적절한 타이밍'은 PER 밴드차트가 상향 추세일 때와 정체 추세일 때, 그리고 하향 추세일 때 각각 달라지기 때문입니다.

1) 실전 시 가장 필요한 원리, 분할매매

본격적인 내용에 들어가기에 앞서 분할매매, 즉 분할매수 및 분할매도에 대해 짚고 넘어가겠습니다. 앞서 '주식학 개론 3'에서 '주식은 무릎에서 사고 어깨에서 팔아라'라는 내용에 대해 언급한 바 있는데요, 실제로 주식을 사고팔 때 이런 부분은 매우 중요하게 작용될 수 있습니다.

주식 시장에서는 신이 아닌 이상 주가의 최저점과 최고점을 정확히 맞출 수 없습니다. 아무리 철저히 분석한다 해도 이 부분만큼은 신의 영역이죠.

이것이 가능하다고 주장하는 사람이 있다면 사기꾼이라 여기셔도 됩니다. 그래서 우리는 가장 싼 가격에 매수하는 것이 아닌 '싼 가격구간'에서 사는 것을, 가장 비싼 가격에서 매도하는 것이 아닌 '비싼 가격구간'에서 파는 것을 목표로 해야 합니다. 독자 여러분이 이미 느끼셨을지 모르겠으나 이 책에서 이야기하는 것이 '이 가격에 도달하면 사세요(혹은 파세요)'가 아니라 '이러이러한 구간에 진입하면 사는(혹은 파는) 것을 고려하세요'인 이유도 이것입니다. 특정 가격을 콕 집어 확실한 정답이라고 제시하면 더 좋겠지만, 단언컨대 그렇게 할 수 있는 사람은 없습니다. 저도 예외는 아니고요.

사거나 팔기에 좋은 특정 '구간'에 주가가 진입하면 그때 매수나 매도를 고려해야 한다고 말씀드렸는데요, 이때 활용하는 방법이 분할매수와 분할매도입니다. 분할매수는 내가 갖고 있는 투자금으로 주식을 몇 차례에 나눠 사는 것이고, 분할매도는 내가 보유 중인 주식을 몇 차례에 나눠 파는 방법입니다. 이렇게 하면 최저점에서 사는 것은 어려워도 무릎에서 사는 것, 그리고 어깨에서 파는 것이 가능해지죠.

분할매매에는 다음과 같은 세 가지 이점이 있습니다.

첫째, 주식이 싸다고 판단되어 매수를 했는데 이후 주가가 더 하락하는 경우엔 더 낮은 가격으로 주가 매입이 가능합니다. 이전 장들에서 우리는 주식 분석 방법을 배웠고, 그것들을 통해 현재의 주가가 저평가된 국면인지, 아니면 고평가된 국면인지 판단하는 것이 가능해졌습니다. 신이 아니니 최저점과 최고점은 못 맞추지만, 분석 방법 덕에 싼 가격구간과 비싼 가격구간은 알 수 있으니 그 구간대에서 주식을 분할해서 사들이거나 팔 수 있는 것이죠.

둘째, 심리적 여유를 가질 수 있습니다. 주식을 한 번에 다 사거나 팔면 이후의 주가 움직임에 따라 크게 일희일비하게 됩니다. 그간 모아둔 투자금을 다 쏟아부어 어제 주식을 샀는데 오늘 주가가 큰 폭으로 떨어지면 마음이 엄청나게 아픕니다. 그간 보유했던 주식들을 어제 다 팔았는데 오늘 주가가 큰 폭으로 오르면 땅을 치게 되고요. 게다가 이제 막 주식투자를 시작한 분이라면 그 영향은 더욱 크죠. 저 역시 그랬던 적이 한두 번이 아닙니다. 하지만 분할매수나 분할매도를 하면 이런 심리적 부작용을 덜 겪습니다. 주식을 일부 매수한 다음에 주가가 떨어지면 더 싸게 살 수 있는 기회를, 주식의 일부를 매도한 다음에 주가가 오르면 더 비싸게 팔 수 있는 기회를 얻는 셈이니까요.

셋째, 주가 움직임에 따른 대응이 가능해집니다. 주가가 하락 추세를 보이던 중 충분히 싼 가격구간이라고 판단하여 주식을 매수했는데, 앞서 봤던 기업은행의 사례처럼 이후 주가가 추세를 이탈해버리는 상황이 발생하기도 합니다. 이렇게 밴드차트를 벗어나 추세를 잃어버린 주식은 다시 제자리로 돌아오기까지 대개 많은 시간이 걸리죠. 분할매수 중에 이런 상황을 접하면 더 이상 해당 종목을 매수하지 않음으로써 손실에 대한 부담도 줄일 수 있습니다.

어떠신가요? 이제 분할매매를 해야 하는 이유가 이해되시나요? 우리의 목표는 '가진 돈으로 최대의 이익을 얻는 투자'가 아닌, '잃지 않는 투자'가 되어야 합니다. 워런 버핏이 세운 첫 번째 투자 원칙이 '절대 잃지 않는 투자를 한다'인 것처럼요.

저는 개인적으로 수년 전 분할매수 및 분할매도 원칙을 지키지 못해 뼈아픈 손실을 입었던 경험이 있습니다. 삼성전기 주식을 보유하고 있을 당시의 일이었죠. 다음의 삼성전기 PER 밴드차트를 살펴보실까요?

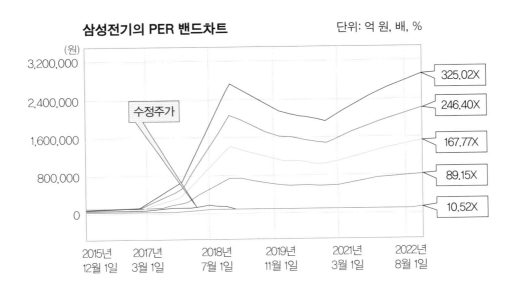

2010년 5월경 저는 삼성전기의 PER 밴드가 상향 중이고, 수정주가가 평균선 이하에 위치하고 있었기에 좋은 타이밍이라 여기며 주식을 매수했습니다. 그런데 얼마 지나지 않아 갑작스레 이뤄진 삼성전자와의 사업양수도 계약 때문에 삼성전기의 수익성장성은 급격히 줄어들었습니다. PER 밴드도 당연히 하향했고, 주가는 평균 이상의 고평가 영역으로 뛰어버렸죠. 예상치 못한 변수로 큰 그림이 바뀐 사례였습니다.

그래서 저는 매수했던 주가에 비하면 손실을 입은 상황이었지만 손절을 결정했습니다. PER 밴드의 상향 추세, 평균 선 이하에 위치하는 12M PER(12M PER에 대해선 뒤에서 설명하겠습니다) 등 주식 매수 당시 좋은 근거로 삼았던 것들이 여전히 유지되고 있었다면 주가가 하락해도 매도하지 않고 버텼겠죠. 하지만 매수한 이유가 상실된 상황에선 과감히 손절하는 것이 더 큰 손실을 막는 방법입니다.

참고로 그간 증권사에서 근무하며 보았던 일부 투자자들의 좋지 않은 공통점 하나를 말씀드리겠습니다. 바로 '수익 범위는 제한하고 손실 범위는 무제한으로 열어둔다'는 점입니다. 수익이 나면 5%, 10% 수준에서도 주저 없이 매도하지만, 손실이 발생하면 −30%, −50% 수준에 이를 때까지도 꿋꿋이 버틴다는 거죠. 하지만 이런 버티기는 결코 좋은 투자 습관이 아닙니다. 그에 반해 높은 수익을 올리는 투자자들에겐 '손실 범위는 제한하고, 수익 범위는 열어둔다'는 특징이 있습니다. 이 점을 여러분도 잘 기억해두시면 좋겠습니다.

그렇다면 '몇 번을 분할해서 사야 하는가?'라는 질문이 있을 수도 있겠네요. 개인의 성향과 상황에 따라 다를 순 있겠지만 3~5회로 나눠서 매수하는 것이 좋습니다. 횟수를 늘릴수록 위험을 줄일 수 있으니 안정성을 높이고자 한다면 5회, 좀 더 수익을 추구하고 싶다면 3회, 이런 식으로 본인의 투자 성향에 맞게 횟수를 조절하면 됩니다.

분할매매를 하는 방법은 크게 세 가지로 구분해볼 수 있습니다.

첫째, 동일한 금액을 분할하는 방법입니다. 1,000만 원을 5회로 분할해서 매수한다면 매번 균등하게 200만 원어치씩 다섯 번을 사들이는 것이죠.

1,000만 원

200만 원
(1차 매수)

➕

200만 원
(2차 매수)

200만 원
(3차 매수)

➕

200만 원
(4차 매수)

➕

200만 원
(5차 매수)

둘째, 처음에 많이 사고 점차 줄여가는 방법입니다. 1,000만 원을 3회에 나눠 주식을 매수할 거라면 처음엔 50%인 500만 원어치의 주식을, 그다음 엔 30%인 300만 원어치, 마지막엔 200만 원어치를 사는 것입니다. 이 방법 은 현재의 주가에 대한 확신이 클 때 사용할 수 있습니다.

1,000만 원

500만 원
(1차 매수)

300만 원
(2차 매수)

200만 원
(3차 매수)

셋째, 처음에 적게 사고 점차 늘려가는 방법입니다. 1,000만 원을 3회에 나눠 매수한다면 처음엔 20%인 200만 원어치의 주식, 그다음엔 30%인 300만 원어치, 마지막엔 500만 원어치를 사는 것이죠. 이 방법은 현재 가격에 확신이 서지 않을 때 사용할 수 있습니다.

1,000만 원 → **200만 원** (1차 매수) + **300만 원** (2차 매수) + **500만 원** (3차 매수)

이와 같이 분할매수 분할매도 전략은 주식을 처음 시작하는 여러분이 매우 중요하게 활용하셔야 할 부분이니 꼭, 반드시 알아두시기 바랍니다.
준비 운동이 좀 길었죠? 자. 지금부터는 실전 분석에 돌입해보겠습니다!

2) PER 밴드가 상향 추세일 경우의 매수·매도 시점 잡기

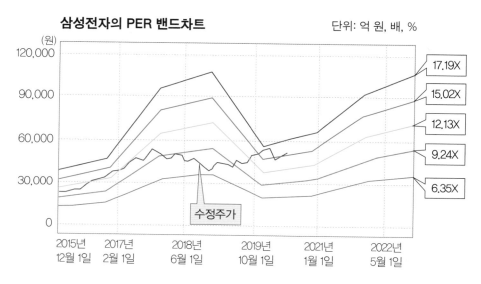

삼성전자의 PER 밴드차트

단위: 억 원, 배, %

(원)

17.19X
15.02X
12.13X
9.24X
6.35X

수정주가

2015년 12월 1일 2017년 2월 1일 2018년 6월 1일 2019년 10월 1일 2021년 1월 1일 2022년 5월 1일

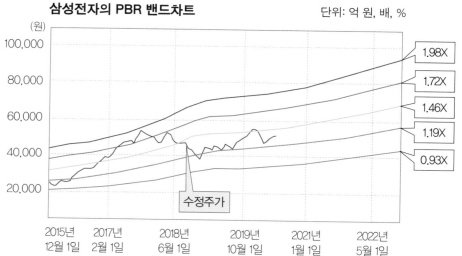

삼성전자의 PBR 밴드차트

단위: 억 원, 배, %

(원)

1.98X
1.72X
1.46X
1.19X
0.93X

수정주가

2015년 12월 1일 2017년 2월 1일 2018년 6월 1일 2019년 10월 1일 2021년 1월 1일 2022년 5월 1일

우선 삼성전자의 PER 및 PBR 밴드차트를 다시 한 번 소환해보겠습니다. 일단 PER 밴드가 상향하고 있으니 긍정적이지만 수정주가가 상단에 위치해 있어 지금 투자하기엔 다소 부담스럽게 느껴지네요. 그런데 PBR 밴드차트상에선 주가가 저점부근에 있는 상황입니다. 자, 그럼 우리는 삼성전자에 투자를 해야 할까요, 말아야 할까요?

이럴 때 참고해야 할 지표가 12M PER입니다. 컴퍼니가이드에서 기업을 검색하면 12M PER 지표를 확인할 수 있죠.

PER과 EPS를 설명한 2장에서 '투자 결정 시엔 과거의 EPS보다 미래의 EPS가 더 중요하다'고 말씀드린 것 기억하시죠? 주식은 꿈을 먹고 자라기 때문에 현재의 기업 상황도 중요하지만 미래성장성이 주가에 더 중요하게 반영된다는 뜻의 말이었는데요, 미래의 EPS가 반영된 수치가 바로 12M PER입니다. 12개월 후, 즉 1년 뒤 예상되는 주가수익비율을 나타내는 지표죠.

12M PER 지표!

CompanyGuide								종목명 또는 종목코드 입력		
기업정보	ETF/ETN 정보	리포트	실적속보	컨센서스 스크리닝	랭킹 분석	캘린더	부가정보	이용안내		
Snapshot	기업개요	재무제표	재무비율	투자지표	컨센서스	지분분석	업종분석	경쟁사비교	거래소공시	금감원공시

	PER	12M PER	업종 PER	PBR	배당수익율
삼성전자 005930 🏠 📇 📍 KSE 코스피 전기,전자 | FICS 휴대폰 및 관련부품 | 12월 결산	16.52	11.85	20.55	1.39	2.71%

출처: 컴퍼니가이드

그럼 이 지표는 어떻게 산출되는 걸까요? 2장에서 알아보았던 공식을 다시 되새겨보면, PER은 현재의 주가를 주당순이익인 EPS로 나눈 수치였습니다. 그리고 12M PER은 현재의 주가를 1년 후 예상되는 주당순이익인 EPS로 나눈 수치랍니다. 쉽게 말해 현재의 PER은 과거의 EPS를 기준으로 계산된 수치, 12M PER은 미래의 예측된 EPS를 기준으로 계산된 수치라고 생각하시면 됩니다. 그리고 12M PER에 반영되는 EPS는 전문가들이 예측한 평균치이고요. 그렇기에 현재의 PER과 12M PER을 비교함으로써 해당 기업의 성장성이 어느 정도나 될지 예측해보는 것도 가능합니다.

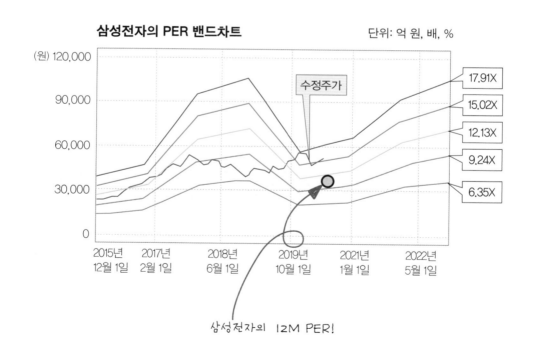

삼성전자의 PER 밴드차트   단위: 억 원, 배, %

삼성전자의 12M PER!

컴퍼니가이드에 따르면 삼성전자의 12M PER은 11.85입니다. 이 수치를 PER 밴드차트 위에 나타내볼까요? 그럼 그 위치는 PER 12.13을 가리키는 노란색(평균) 선과 PER 9.24를 가리키는 연두색(하단) 선 사이가 될 것입니다.

이것으로 우리가 알 수 있는 건 뭘까요? 현재의 PER 밴드차트에 따르면 삼성전자의 주가는 75% 선에 위치해 다소 고평가되어 있는 것처럼 보이지만, 12M PER 수치인 11.85를 이 차트에 넣어보면 25~50% 사이에 위치하니 사실 아주 많이 고평가된 상황은 아니라는 사실입니다. 1년 후 예상되는 EPS 기준으로는 PER 밴드 하단의 25% 지점에 위치하니 오히려 투자 매력도가 높아지죠. '어? 실력이 좋은데 가격도 싸네?' 하는 마음이 드는 겁니다.

자, 이런 과정 끝에 여러분은 삼성전자 주식을 매수하겠다고 결심하게 됐습니다. 이제 우리가 정해야 할 것은 '주가가 얼마일 시점에 사면 될까?'입니다.

PER 밴드가 상향하는 가운데 12M PER이 평균 선 아래에 위치해 있다면 주가가 싼 구간이니 매수를 고려해보는 편이 좋을 것 같습니다. 다만 앞서 말씀드렸듯 정확한 바닥은 알 수 없으니 점진적인 분할매수를 하는 편이 좋겠네요.

그런데 만약 여러분이 현재 삼성전자 주식 10주를 보유 중인데 이를 현금화하고 싶다면 어떤 시점에 팔아야 할까요? 매수하는 경우와 반대되는 상황을 생각해보시면 됩니다. 12M PER이 75%선과 100%인 최상단 선까지 상승한다면 주가가 고평가되는 구간이기 때문에 과감히 차익을 실현할 필요가 있습니다. 이때 역시 이후 추가로 상승할 가능성이 있으니 분할매도를 해야겠고요. 특히나 삼성전자처럼 밴드차트가 꾸준히 상향 추세를 보인다면 주가의 상승 추세 역시 좀 더 이어질 수 있기 때문에 더욱 분할할 필요가 있습니다.

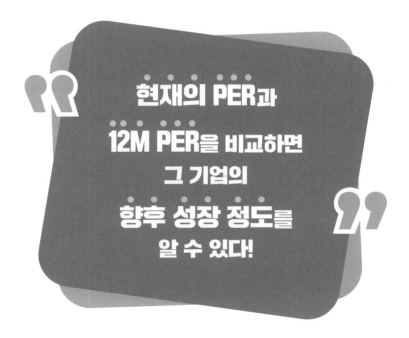

현재의 PER과
12M PER을 비교하면
그 기업의
향후 성장 정도를
알 수 있다!

3) PER 밴드가 평균 선에서 정체 또는 하향 상태일 경우의 매수·매도 시점 잡기

그럼 PER 밴드가 정체 상태일 경우의 사례를 한 번 살펴보겠습니다. 바로 KT&G인데요. 이 회사는 담배와 인삼을 주 수입원으로 합니다. 이 두 상품의 수요는 꾸준하므로 수익도 꾸준히 창출되죠.

그런데 혹시 이것 아시나요? '좋은 회사'와 '좋은 주식'은 다르다는 사실 말입니다. 아무리 좋은 회사라 해도 현재 그 회사의 주식 가치가 실제 가치보다 높게 형성되어 있다면 투자 관점에선 좋은 주식이 아닙니다. KT&G의 PER 밴드차트를 보면서 보다 구체적으로 이야기해보죠.

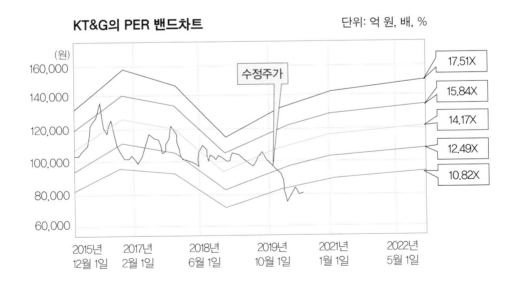

KT&G의 PER 밴드차트   단위: 억 원, 배, %

KT&G의 PER 밴드차트는 2017년 1월까지만 해도 상향하는 모습을 보였습니다. 하지만 주가는 그와 반대로 밴드의 하단까지 떨어지고 있었죠. 2017년 1월까지는 주가가 PER 밴드의 최하단에 있었기 때문에 직관적으로 싸다고 느껴지는 상황이었습니다.

그런데 문제가 생겼습니다. KT&G의 성장성이 둔화되고 또 순이익이 감소하고 있었던 것이죠. 주요 재무정보를 보면 2016년부터 2018년까지의 각종 지표들이 하락 추세에 있었음을 확인할 수 있습니다.

단위: 억 원

주요 재무정보	연간		
	2016/12	2017/12	2018/12
매출액	45,033	46,672	44,715
영업이익	14,696	14,261	12,551
영업이익 (발표기준)	14,701	14,261	12,551
세전계속 사업이익	15,873	13,456	13,187
당기순이익	12,255	11,642	8,987

출처: 컴퍼니가이드

이쯤에서 앞서 나왔던 PER 공식을 다시 한 번 되새겨보겠습니다.

PER(주가수익비율) = 주가 ÷ EPS(주당순이익)

PER은 현재의 주가를 주당순이익인 EPS로 나눈 수치라고 배웠던 것 기억나시죠? 만약 주가는 그대로인데 EPS가 줄어들면 PER이 높아집니다. 쉽게 말해 2016년에 주가가 1만 원일 때는 PER이 10 수준이었는데, 2017년엔 주가가 1만 원으로 그대로임에도 PER은 15배가 되어버린 것이죠. 이처럼 회사의 이익이 점차 감소하면 주식 가격 자체는 이전과 동일하다 해도 앞의 밴드차트에서 보듯 밴드 최하단에서 스물스물 올라가 밴드 상단에 도달하게 됩니다. 즉, '가격'은 그대로이지만 '가치'는 떨어진다는 뜻이지요. 그야말로 투자하기 가장 좋은 조건이었던 주식이 그 회사의 이익수준에 따라 점차 최악의 조건으로 바뀌어버린 것입니다.

이처럼 PER 밴드가 횡보하는 주식은 관심종목에서 제외하는 것이 좋습니다. 만약 해당 종목을 보유하고 있다면 과감하게 매도를 고려해야 할 필요가 있고요. 성장하지 않는 회사의 주가는 결과가 좋지 않을 가능성이 높기 때문입니다.

그럼 이 주식을 다시 매수해야 하는 시점은 언제일까요? 현재 밴드는 미세하게 상향하고 있으나 그 기울기가 매우 완만합니다. 우리나라 주식 시장에만 도 2,000개가 넘는 기업이 있고, 소위 대형주라 불리는 코스피200 지수에 속한 주식만 해도 200개가 넘으니 스토리(재무지표, 리포트)도 좋고, 밴드가 급격히 상향하는 주식을 찾는 것이 더 좋은 방법이 될 수 있습니다.

결론적으로 우리는 밴드가 상향하는 주식을 매수하고, 이후 기업의 재무 관련 사항들이 달라져 밴드의 모양도 바뀌는지의 여부를 정기적으로 모니터링해야 한다는 이야기입니다. 만약 매수한 주식의 가격이 하락했음에도 밴드가 하향 반전한다면 적극적인 손절매를 고민해봐야 합니다. 주식 가격의 '수치'는 낮아졌지만 밴드차트에서 주가 선의 위치는 밴드 상단에 걸쳐지기 때문이죠. 밴드 상단에 걸친다는 건 뭘 뜻할까요? 그렇습니다. 그 주식의 가격은 현재 그 기업의 가치보다 비싸게 형성되어 있다는 의미지요.

반대로 밴드가 하향하여 손절매했는데, 시간이 흘려 다시 상향으로 전환된다면 재매수를 적극 검토해야 합니다. 주가가 상승세를 보이고 있지만 밴드의 우상향 정도가 그보다 더욱 가팔라 주가는 밴드 하단에 걸쳐지기 때문입니다. 밴드 하단에 걸친다는 말의 뜻은 뭘까요? 그렇습니다. 해당 기업의 실제 가치보다 주식 가격이 낮게 형성되어 있다는 뜻이에요. PER 밴드가 하향하는 예로 아모레퍼시픽의 경우를 한번 보시겠습니다.

아모레퍼시픽은 한때 중국인들이 우리나라 여행을 다니며 국내 면세점의 물건들을 싹쓸이하던 시기에 매출 규모가 매우 크게 늘었죠. 그 덕에 주가도 크게 상승했습니다.

하지만 갑작스레 중국과의 정치적 갈등 이슈가 발생해 중국 관광객이 급감했고, 그 결과 아모레퍼시픽의 주가도 크게 하락해버렸습니다. 향후 매출이 매우 감소할 것임을 투자자들이 염려했기 때문이죠. 앞서 살펴봤듯 기업의 수익성이 감소하면 주가는 동일하다 해도 PER이 높아집니다. 더 나아가 주가가 하락하는 정도보다 이익이 감소하는 정도가 크다면 PER은 더욱 높아지죠. 그럼 아모레퍼시픽의 PER 밴드차트를 한번 살펴볼까요?

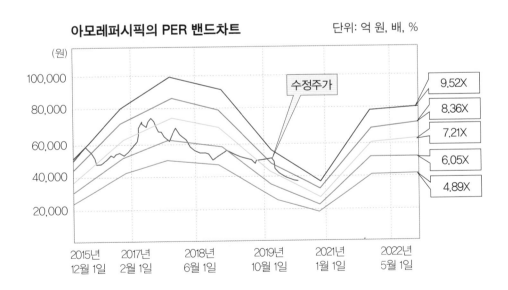

아모레퍼시픽의 PER 밴드차트 단위: 억 원, 배, %

아모레퍼시픽은 좋은 기업이지만 2018년 이후를 보면 투자 관점에서 좋은 주식이 아닙니다. 과거 좋은 시절의 아모레퍼시픽이 아니라는 사실은 밴드차트만 봐도 명확히 알 수 있죠. 2018년 6월 밴드 최하단에 위치해 있던 주가는 그 뒤 오히려 하락했음에도 밴드차트에서의 위치는 상단으로 전환되었으니까요.

하지만 희망은 있습니다. 2021년 이후의 밴드는 급격히 상향하는 모양을 띠고 있기 때문입니다. 2020년을 강타했던 코로나19가 2021년에는 소강 상태에 접어들 것이라는 기대, 그리고 중국의 한한령이 해제되면 중국인들이 예전처럼 한국으로 여행을 와서 아모레퍼시픽의 제품들을 대거 구입할 것이라는 기대가 반영되어 있는 듯합니다.

이런 기대가 현실화되고 여전히 밴드차트가 상향 추이에 있다면 그땐 아모레퍼시픽 주식의 매수를 검토해도 좋을 것으로 보입니다. 다시 말해 2020년 현재는 하락 중에 있는 PER 밴드가 1년 뒤 상승 국면으로 전환한다면, 그리고 그때의 주가가 PER 밴드 하단에 위치한다면 매수를 고려해봐도 좋다는 뜻이죠.

여기서 우리가 한 가지 짚고 넘어가야 할 점이 있습니다. PER 밴드가 하향하고 있는 상태에서도 주가는 오를 수 있고, 반대로 PER 밴드가 우상향하고 있는 상태임에도 주가는 하락할 수 있는데요, 이럴 때는 랜덤워크 가설을 떠올려야 한다는 점이 그것입니다.

랜덤워크 이론은 주가가 마치 주사위를 던져 나오는 값처럼 무작위로 움직이기 때문에, 그 안에서 추세나 반전 시점을 찾으려는 시도가 무의미하다는 것입니다. 쉽게 말해 강아지를 데리고 산책을 할 때, 강아지는 주인을 앞서 가기도 하고 주인보다 뒤처지기도 하지만 결국 주인에게 돌아옵니다. 주가도 마찬가지입니다. 기업의 가치보다 주가가 앞설 때도 있고 뒤처질 때도 있지만, 결국엔 기업의 가치에 수렴하는 것이죠.

당장 내일의 주가를 맞춘다는 것은 확률적으로 매우 어려운 일입니다. 설사 정확히 맞췄다 해도 그건 운이 좋았기 때문일 가능성이 매우 높고, 오늘 내 예상이 적중했다 해서 내일도 그럴 것이라 장담할 순 없죠. 하지만 장기적인 관점에서는 우리의 예측이 적중할 확률이 매우 높아질 수 있습니다. 지금이야 들쑥날쑥해도 주가는 언젠가는 그 회사의 가치에 수렴할 테니까요. 그러니 독자 여러분은 주가의 이러한 특성을 잘 기억하고, 하루하루의 주가 변동에 일희일비하지 않았으면 하는 바람입니다.

지금까지 몇 가지 종목의 예를 통해 주식의 매수 및 매도 타이밍을 잡는 데 밴드차트를 어떻게 활용할 수 있는지 살펴봤습니다. 그러나 여러분은 여기에서 한 단계 더 나아가야 합니다. 그저 단순히 밴드차트만 보는 것에 그치지 말고 밴드가 우상향 또는 우하향하는 원인을 분석하는 훈련을 꾸준히 해봐야 한다는 뜻입니다. 그 회사의 재무제표 검토, 혹은 애널리스트 리포트를 찾아보면서 말이죠.

PER 밴드에서 뭔가 큰 움직임이 나타났다면 거기엔 분명 이유가 있습니다. 그리고 그 이유를 아는 상태에서 투자하는 것과 모르는 상태에서 투자하는 것은 결과적으로 큰 차이를 가져옵니다. 기업의 상황을 파악하지 못한 상태에서 주식을 매수했다가 이후 주가가 하락하면 맘고생은 기본으로 하고, 결국은 손실을 보며 보유 주식을 매도하는 결정을 하게 될 수 있습니다. 주식투자에 있어 심리를 다스리는 것은 매우 중요한데, 불안한 마음을 이겨내지 못하고 급하게 주식을 처분해버리는 것이죠.

하지만 해당 기업의 상황과 여러 변화 추세에 대해 어느 정도 이해하고 있다면 어떨까요? 주가가 하락할 때 실망하지 않음은 물론 오히려 그 주식을 싸게 살 수 있는 기회라 여기며 추가 투자를 결정하는 것이 가능해집니다. 반대로 주가가 오르고 있는 경우에도 마냥 좋아하기보다는 '계속 보유하고 있다 보면 이후엔 내가 거둘 투자 이익이 오히려 줄어들 가능성이 높네' 하며 매도를 결정할 수도 있겠죠. 보다 현명한 투자 결정을 내릴 가능성이 높아지는 것입니다.

이상의 내용을 요약해볼게요. 밴드가 우상향하는 모습이라면 그 기업은 지속적으로 성장한다는 뜻입니다. 우리가 관심을 가져도 좋은 주식인 것이죠. 반대로 밴드가 우하향 중인 주식이라면 그 기업은 성장이 둔화된 상태 혹은 마이너스 성장을 하고 있다는 뜻이니 관심종목에서 제외해야겠죠.

그렇기에 우리는 기본적으로 밴드가 우상향하는 종목들에 관심을 가져야 합니다. 특히 그중 현재 주가가 밴드차트의 하단에 위치하는 종목이 있다면 매수를 적극 고려하고, 이미 보유 중인 주식들 중 주가가 밴드차트의 상단에 있는 종목이 있다면 매도를 검토해야 하죠. 덧붙여 밴드의 방향이 급격히 꺾이는 것은 곧 매수·매도의 신호가 될 수 있다는 점도 다시 한 번 기억해주시기 바랍니다.

3장의 핵심 내용 정리

1. 주가가 PER 밴드의 하단에 있을 때 매수하고 상단에 있을 때 매도하자.

2. PER 밴드가 상향하다가 하향하기 시작하면 매도를 고려해야 한다.

3. PER 밴드가 하향하다가 상향하기 시작하면 매수를 고려해야 한다.

4. PER 밴드가 상향하거나 하향하는 이유를 재무제표나 애널리스트 리포트를 통해 확인하자.

책을
마치며

저는 20여 년 동안 주식투자를 해왔습니다. 그 과정에서 큰 기쁨을 느꼈는가 하면 엄청난 슬픔을 느끼기도 했고, 그러면서 '주식투자는 어렵다'는 생각도 많이 했죠.

실제로 주식투자는 어려운 일입니다. 주변을 둘러보면 주식투자로 손실을 입은 분들을 어렵지 않게 찾을 수 있는 반면, 그걸로 돈을 벌었다는 분들은 찾기가 참 힘듭니다. 오죽하면 '한강 물은 주식투자자들의 눈물로 만들어졌다'는 우스갯소리까지 나왔을까요.

그럼에도 우리나라에서 주식투자를 하고자 하는 인구는 증가 추세에 있습니다. 주식만큼 소액으로 빠르게 자산을 증식할 수 있는 수단은 그렇게 많지 않거든요. 미국, 일본 등 선진국에서도 이미 주식투자는 자산관리의 가장 중요한 수단으로 자리를 잡았죠. 우리나라에서도 국민연금, 퇴직연금, 개인연금과 같은 주요 연금자산의 운용에 주식투자가 크게 활용되고 있고요. 그렇기에 주식투자에 대해 제대로 아는 것은 그만큼 자산 관리에 있어 매우 중요한 일일 수밖에 없습니다.

그렇다면 주식투자는 왜 어려운 걸까요? 여러 이유가 있겠으나 제가 생각하기엔 '실시간 시세를 확인할 수 있고, 언제 어디서든 거래가 가능하다'는 점 때문인 것 같습니다.

우리나라의 투자 영역에서 수십 년간 불패신화를 이어온 대표적 자산은 부동산입니다. 주식보다는 부동산으로 큰 수익을 얻은 이들을 쉽게 보실 수 있으실 텐데요(그렇다고 부동산투자가 주식투자보다 쉽다는 뜻은 결코 아닙니다), 그런 분들은 어떻게 부동산투자를 통해 수익을 낼 수 있었을까요?

부동산은 주식과 달리 실시간으로 가격이 산정되지 않고, 주식 시장처럼 표준화된 시장이 존재하는 것도 아닙니다. 때문에 부동산투자자들은 부동산 가격이 어떻게 달라지는지, 또 그 이유는 무엇인지 매일매일 알고자 하지 않죠.

그에 반해 주식투자자들은 주가가 시시각각 달라지는 이유를 찾는 데 혈안이 되어 있고, 하루하루의 가격 변동에 일희일비하며 '매수' 버튼과 '매도' 버튼을 클릭합니다. 말하자면 주식 시장의 시스템 자체가 투자자의 심리에 큰 영향을 미치고, 그 심리적 요인이 또 다시 주식 시장을 변화시키며

투자자로 하여금 주식투자를 어렵게 느끼게 만든다는 것이죠. 따라서 주식 시장에서 겪을 수 있는 심리적 어려움을 걷어내고 투자의 본질에 집중할 수 있다면, 그런 분들께는 주식투자가 생각보다 어렵지 않을 수 있습니다. 자, 그럼 주식투자의 '본질'이란 과연 뭘까요?

주식은 기업의 지분을 표시하는 증권입니다. 기업의 가치는 시가총액이고, 그것을 발행주식수로 나눈 값이 그 기업의 주가죠. 앞서 '주식 시장에서 주가는 실시간으로 결정되고 바뀐다'는 이야기를 했는데요, 바꿔 말하자면 이는 기업의 가격이 실시간으로 달라진다는 뜻입니다.

그렇다면 기업의 가치도 실시간으로 바뀌는 것일까요? 우리가 주목해야 하는 것이 바로 이 점입니다. 기업의 가치는 주식 가격이 변동하는 것처럼 그리 크게 변하진 않습니다. 삼성전자의 주가가 하루 만에 10% 상승한다 해도, 또 반대로 10% 하락한다 해도 삼성전자라는 기업은 여전히 그대로 삼성전자인 것이죠.

주식투자의 본질은 바로 그러한 기업의 '가치'와 '가격'을 비교하는 것에서 출발합니다. 그런 비교를 통해 주식의 가격이 기업의 가치보다 낮다고 판단되면 매수하고 그 반대라면 매도하는 과정, 그 과정의 반복이 곧 주식투자니까요. 기업의 가격, 즉 주가는 주식 시장에서 우리가 언제든 확인할 수 있습니다. 따라서 '주식투자의 본질에 집중한다'는 것은 기업의 가치, 즉 주식의 가치 산정에 집중하는 것이라고도 해석 가능합니다.

그래서 저는 이 책을 주식투자의 본질에 기초한 입문서로 탄탄히 구성하고자 했습니다. 어떤 주식을 골라야 하고, 그 주식을 어떻게 분석해야 하며, 어떤 것을 기준으로 매수 혹은 매도 시점을 가늠할 수 있는지를 소개함으로써 그 기업의 '가치'와 그 기업 주식의 '가격'을 비교하여 투자하는 길을 알려드린 것이죠. 본질에 집중해서 기본을 탄탄히 다지는 것이 장기적 관점에서 성공하는 투자자로 가는 길이니까요.

부디 이 책이 주식투자를 시작하시는 독자들에게 좋은 나침반이 되기를, 그래서 주식투자가 우리나라 자산 관리의 중요한 한 축으로 건전히 성숙하는 데 도움이 되길 기대합니다.

읽으면 진짜 주식투자로 돈 버는 책

초판 1쇄 인쇄 2020년 8월 20일 **초판 1쇄 발행** 2020년 8월 31일

지은이 조혁진
펴낸이 연준혁
도 움 이현종

편집 2본부 본부장 유민우
편집 2부서 부서장 류혜정
외주 편집 장윤정
표지디자인 mmato
본문디자인 김경주

펴낸곳 ㈜위즈덤하우스 **출판등록** 2000년 5월 23일 제13-1071호
주소 경기도 고양시 일산동구 정발산로 43-20 센트럴프라자 6층
전화 031)936-4000 **팩스** 031)903-3893 **홈페이지** www.wisdomhouse.co.kr

ⓒ 조혁진, 2020

ISBN 979-11-90908-76-4 03320

이 도서의 국립중앙도서관 출판예정도서목록(CIP)은 서지정보유통지원시스템
홈페이지(http://seoji.nl.go.kr)와 국가자료종합목록시스템(http://www.nl.go.kr/
kolisnet)에서 이용하실 수 있습니다. (CIP제어번호: CIP2020033309)